공기업 합격을 위한
추가학습자료

본 교재 인강 30% 할인쿠폰

8C2K 8B5B 7470 6000

해커스잡 사이트(ejob.Hackers.com) 접속 후 로그인 ▶ 사이트 우측 상단 [나의정보] 클릭 ▶
[나의 쿠폰] 클릭 ▶ [쿠폰/수강권 등록]에 쿠폰(인증)번호 입력 후 이용

- 쿠폰 유효기간: 2026년 12월 31일까지(한 ID당 1회에 한해 등록 및 사용 가능)
- 이벤트 강의/프로모션 강의 적용 불가, 쿠폰 중복할인 불가

PT/토론 면접 대비 최신 시사 이슈 15(PDF) 이용권

RD4C 5W7S 3C7B C86H

해커스잡 사이트(ejob.Hackers.com) 접속 후 로그인 ▶ 사이트 메인 중앙 [교재정보 - 교재 무료자료] 클릭 ▶
교재 확인 후 이용하길 원하는 무료자료의 [다운로드] 버튼 클릭 ▶ 위 쿠폰번호 입력 후 다운로드

- 쿠폰 유효기간: 2026년 12월 31일까지

무료 전형별·영역별 취업 강의

해커스잡 사이트(ejob.Hackers.com) 접속 후 로그인 ▶ 상단 [무료 콘텐츠] 클릭 ▶
[취업 인강 무료] 클릭 ▶ 무료강의 수강 가능

• 이 외 쿠폰 관련 문의는 해커스잡 고객센터(02-537-5000)로 연락 바랍니다.

취업교육 1위, 해커스 ejob.Hackers.com

[1위] 주간동아 2024 한국고객만족도 교육(온·오프라인 취업) 1위

해커스
따라하면 합격하는
공기업
면접 전략

해커스

서문

> 공공기관 면접, 발성부터 면접 직전 마인드셋까지!
> 취업 전문 컨설턴트가 '해커스 따라하면 합격하는 공기업 면접 전략'을 알려드립니다.

'치격(恥格)'이라는 말이 있습니다. 부끄러움에도 격이 있다는 말로 항상 품에 안고 사는 말 중의 하나입니다. 강사에게 가장 필요한 말이라고 생각합니다. 앞에서 누군가를 지도하고 가르친다는 것은 스스로에게 부끄러움이 없을 때 가능한 일입니다. 이 책을 내기 전까지 많은 생각들이 있었습니다. '과연 제대로 된 면접 책을 낼 수 있을까?', '면접에 대해 알려주고는 있지만, 수많은 공공기관의 니즈를 맞춰서 학생들에게 이야기 할 수 있을까?'에 대한 질문이 끊이지 않았습니다. 그래서 선뜻 책으로 낼 용기가 없었습니다. 그때 우리 저자 세 명이 부끄럽지 않은 면접 책을 내자고 의기투합하며 이 책을 집필하게 되었습니다.

채용 과정에서 가장 어려운 과정 중 하나가 '면접'일 것입니다. 서류 전형, 필기 전형에서 탈락하게 되면 자신이 부족한 점을 알지만, 면접에서 탈락하게 되면 자신이 왜 떨어졌는지 모르는 지원자들이 많습니다. 그 이유는 단 하나입니다. 인간이 인지를 하게 되면 맥락으로 인지하기 때문입니다. 즉 분위기, 답변 등의 맥락만 기억하므로 디테일하게 면접 당일의 기억을 하지 못하기 때문입니다. 그래서 자신이 왜 탈락을 했는지 모르게 되는 경우가 많습니다. 따라서 많은 면접 강의들도 '행동수정기법'을 통해 면접자의 행동을 수정하는 방향으로 강의를 이어가게 됩니다. 물론 이것은 중요합니다. 하지만 이는 면접을 앞둔 면접자 혹은 면접 준비생들이 이미 어느 정도 준비가 되어 있어야 효과를 발휘할 수 있습니다.

면접은 자신을 보여주기 위해 하는 발화입니다. 즉 언어적·비언어적인 표현을 통해 자신의 가치관, 지식, 역량을 보여주는 종합평가라고 할 수 있습니다. 이런 종합적인 내용을 표현하기 위해서는 먼저 준비단계와 실행단계가 필요합니다. 준비단계는 면접에 들어가기 전 자신을 표현하기 위해 먼저 준비해야 하는 것들입니다. 어떤 사회자도, 어떤 작가도 자신이 이야기하거나 책을 쓸 때, '무에서 유를 창조'하는 것이 아닙니다. 미리 준비된 멘트가 있어야 하며, 취재된 노트가 있어야 합니다. 많은 연습으로 말을 잘하고, 발표를 잘할 수 있다는 믿음은 준비된 것에서부터 출발합니다. 그래서 우리 책에서는 면접에서 '어떻게 하면 잘못 말하고, 어떻게 하면 이야기를 잘할 수 있다.'를 이야기하는 것보다 연습하기 전 무엇을 준비할지에 대한 준비단계부터 시작을 하고 있습니다. 그리고 실행단계에서는 연습을 하기 위해 주의해야 할 것들을 소개하고 있습니다.

해커스 따라하면 합격하는 **공기업 면접 전략**

「해커스 따라하면 합격하는 공기업 면접 전략」은

첫째, 공공기관 최종 합격을 위한 체계적인 계획을 세울 수 있습니다.
취업 준비를 시작한 순간부터 면접관과 마주하는 순간까지의 과정을 취업 전문 컨설턴트가 Time Table로 정리하여 공공기관 최종 합격을 위한 계획을 체계적으로 수립할 수 있습니다.

둘째, 기초부터 실전까지 면접 대비전략을 단계별로 제시하여 공공기관 면접을 완벽하게 대비할 수 있습니다.
기초적인 발성법부터 시작하여 하루 30분 투자로 꾸준히 연습할 수 있는 전략을 통해 면접의 기초를 튼튼히 하고, 어떻게 하면 양질의 면접 준비 자료를 찾고 어떤 방법으로 실전에 대비하는지 노하우를 터득함으로써 공공기관 면접을 완벽하게 대비할 수 있습니다.

셋째, 주요 공공기관 면접 유형과 합격 전략은 물론 면접 빈출 질문까지 학습할 수 있습니다.
인성/상황/직무/PT/토론 면접 등 주요 공공기관의 면접 유형과 합격 전략을 학습하여 어떠한 면접 유형에도 완벽 대비할 수 있고, 주요 공공기관별로 자주 출제되는 기출 질문 리스트를 통해 지원할 공공기관에서 원하는 답변 포인트를 파악하여 실전에서도 막힘없이 답변할 수 있습니다.

면접은 수험생분들이 어렵게 잡은 또 하나의 기회입니다. 그 기회를 놓치게 하고 싶지 않습니다. 아마 이 책을 펼쳐보시는 분들은 면접의 기회를 앞두고 있거나 몇 번의 고배를 마신 분들이라고 생각합니다. 이 책은 여러분이 공공기관 면접에서 최고의 결과를 얻기 위해 필요한 모든 것을 제공합니다. 이 책과 함께 면접이라는 공간을 설계하고, 그 안에서 자신을 가장 잘 표현할 준비를 시작하시기 바랍니다. 이 책을 통해 여러분을 합격의 길로 안내하겠습니다.

윤종혁, 조은희, 김태형

책의 특징   6

PART 1   공공기관 합격 Time Table 및 면접 유형

#1 공공기관 합격 Time Table   10
- 01   공공기관 합격의 Plan   11
- 02   공공기관 합격의 Time Table Check List   13

#2 공공기관 면접 유형   16
- 01   면접 진행 방식에 따른 유형   17
- 02   면접 질문 내용에 따른 유형   20

기초부터 탄탄히!

PART 2   하루 30분 투자로 면접 기초 완성

면접 대비 달력 소개   26

#1 면접 기초 쌓기   28
- 01   발성과 발음   29
- 02   호감을 주는 첫인상 만들기   35
- 03   나를 표현하는 캐릭터 만들기   37
- 04   나만의 포트폴리오 만들기   50

#2 면접 기초 다지기   56
- 01   발성과 발음   57
- 02   신뢰를 주는 이미지 만들기   60
- 03   POWER 기법으로 답변 구성하기   65
- 04   인성면접: 대표 질문&모범 답변 10   69
- 05   직무면접: 대표 질문&모범 답변 10   82
- 06   PT면접: 나만의 스크립트 만들기   93

#3 면접 기초 완성하기   110
- 01   목표 기업 잡기   111
- 02   홈페이지를 활용하여 공공기관 분석하기   117

해커스 따라하면 합격하는 **공기업 면접 전략**

기초가 완성되었다면 실전으로!

PART 3 본격적인 채용 시즌에 실전 면접 준비

#1 채용 공고 게시 후 　　　　　　　　　　　　　　128
　01 면접 자료 찾기 　　　　　　　　　　　　　　　130
　02 면접에서 알아야 할 단어 이해하기 　　　　　　137

#2 필기시험 합격 후 　　　　　　　　　　　　　　140
　01 면접 2주 전: 예상 질문과 답변 점검 　　　　　　141
　02 면접 1주 전: 모의 면접 훈련과 돌발상황 대응전략 점검　146
　03 면접 전날: 마인드 컨트롤과 복장 점검 　　　　　151

#3 실전 면접 맞춤형 대비전략 　　　　　　　　　　156
　01 면접 3개월 전 대비전략 리마인드 　　　　　　　158
　02 극약처방! 면접 1개월 전 맞춤전략 　　　　　　　162
　03 극약처방! 면접 1주일 전 맞춤전략 　　　　　　　167

PART 4 5대 공공기관 면접 유형 및 대비전략

　01 한국철도공사 　　　　　　　　　　　　　　　176
　02 한국전력공사 　　　　　　　　　　　　　　　185
　03 국민건강보험공단 　　　　　　　　　　　　　191
　04 한국관광공사 　　　　　　　　　　　　　　　198
　05 HUG(주택도시보증공사) 　　　　　　　　　　206

PART 5 공공기관 빈출 면접 유형 및 유형별 기출문제

　01 인성면접 　　　　　　　　　　　　　　　　　214
　02 경험면접 　　　　　　　　　　　　　　　　　216
　03 상황면접 　　　　　　　　　　　　　　　　　217
　04 직무면접 　　　　　　　　　　　　　　　　　219
　05 PT면접 및 토론면접 　　　　　　　　　　　　221

특별부록　AI 면접 합격 가이드　　230　　모의 면접 평가표　　239

책의 특징

① 공공기관 합격 Time Table 및 면접의 전반적인 유형 분석 수록

공공기관 합격 Time Table을 통해 면접 준비를 위한 시간 관리를 어떻게 해야 할지 구체적으로 안내하고, PT/인성/직무/토론면접 등 다양한 면접 유형을 분석하여 각각의 전략을 수립할 수 있습니다.

② 하루 30분 투자로 면접의 기초를 튼튼히 하는 전략 수록

발성과 발음, 첫인상 만들기, 나를 표현하는 포트폴리오 작성 등, 면접장에서 빛나는 자신을 만들기 위한 기초 훈련을 담았으며 하루 30분씩 투자하여 차근차근 따라할 수 있도록 구성하였습니다. 또한 함께 수록된 '나를 표현하는 캐릭터 만들기'는 자기 자신을 효과적으로 드러낼 수 있는 유용한 가이드가 될 것입니다.

③ 실전 대비를 위한 면접 자료 확보 노하우와 최종 점검 전략 수록

예상 질문을 점검하고 모의 면접을 통해 실제 상황을 연습하는 과정, 그리고 돌발 상황에 대처하는 방법까지, 면접 당일에 직면할 수 있는 모든 상황에 대비할 수 있도록 구성되어 있습니다. 책상에서 연습하는 것과 실전에서의 긴장감은 다르기 때문에, 이 과정을 통해 실전 감각을 키우는 것이 중요합니다.

④ 5대 공공기관 면접 유형 및 대비전략 수록

한국철도공사, 한국전력공사, 국민건강보험공단, 한국관광공사, 주택도시보증공사(HUG)의 면접 유형과 대비전략을 수록하여 경쟁률이 높은 5대 공공기관 면접에 대비할 수 있도록 집중 분석합니다. 이 기관들의 면접은 각각 고유한 특징을 가지고 있으므로 각 기관의 면접 유형과 대비전략을 철저히 파악하는 것이 중요합니다.

해커스
따라하면 합격하는
공기업 면접 전략

⑤ 주요 공공기관별 자주 출제되는 기출 질문 리스트 수록

인성/경험/상황/직무/PT/토론면접까지 주요 공공기관의 면접장에서 마주할 수 있는 거의 모든 유형의 빈출 질문을 담았습니다. 기출 질문 리스트를 통해 면접관이 어떤 의도로 질문을 던지는지 파악하고, 이에 대한 적절한 답변을 미리 준비할 수 있습니다.

⑥ 다양한 학습 자료 제공

본 교재 인강
(할인쿠폰 제공)

PT/토론 면접 대비
반드시 알아야 할
최신 시사 이슈 15

무료 전형별·영역별
취업 강의

해커스잡(ejob.Hackers.com)에서 별도로 구매 가능한 본 교재 인강을 활용하면 보다 효과적인 학습이 가능합니다. 또한 PT 면접, 토론 면접 주제로 출제 가능성이 높은 최신 시사 이슈 15가지를 학습할 수 있는 'PT/토론 면접 대비 반드시 알아야 할 최신 시사 이슈 15'와 해커스잡 스타강사의 취업 강의를 무료로 학습할 수 있는 '무료 전형별·영역별 취업 강의'도 함께 제공합니다.

취업강의 1위, 해커스잡
ejob.Hackers.com

해커스 따라하면 합격하는 공기업 면접 전략

PART

공공기관 합격 Time Table 및 면접 유형

#1 공공기관 합격 Time Table

#2 공공기관 면접 유형

공공기관 취업을 준비하는 수험생에게 체계적인 학습 계획은 성공적인 취업의 핵심 요소 중 하나이다. 그렇기에 PART 1에서는 NCS 직업기초능력 준비부터 전공 공부, 그리고 실전모의고사를 통한 최종 점검에 이르기까지 각 단계별로 체계적인 접근을 하려고 한다. 또한 필기 준비를 하다보면 면접 준비를 하지 않는 경우가 많은데, 요즘의 공공기관 면접은 3:1 혹은 5:1로 경쟁률이 높아졌다. 그러므로 필기시험 전략을 소개하면서 면접을 언제 시작해야 하는지에 대해 알아보고자 한다.

공공기관 취업은 필기에서 높은 점수를 받아도 면접에서 실수하면 합격이 어려울 수 있으므로 면접도 상당히 중요하다. 또한 최근 면접은 PT면접, 토론면접, 상황면접 등 유형별로 준비하는 것이 핵심이며, 비대면 AI 면접도 증가하고 있다. 따라서 상황에 따라 유연하게 대처할 수 있도록 철저한 준비가 필요하다.

01 공공기관 합격의 Plan

(1) 1~2개월: 기초 단계

① 첫 두 달은 NCS 통합 기본서를 통한 기초 이론의 숙지와 전공별 인터넷 강의를 통한 기본 지식 확립에 중점을 둔다.
② 경영학이나 경제학 등의 전공 공부에서 기본 개념과 원리를 이해하고, 이를 바탕으로 심화 학습을 준비한다.
③ 이 시기에는 필기 준비에 중점을 두지만, 면접 기초도 함께 시작한다. 예를 들어, 공공기관에서 자주 묻는 기본적인 인성 면접 질문을 조사하고 이에 대한 답변을 구상해 보는 것이 중요하다.

(2) 3~4개월: 심화 학습 및 문제 풀이 + 면접 준비 시작

① NCS 직업기초능력의 심화 내용을 학습하고, 기출문제를 풀며 실전 감각을 키운다.
② 전공 문제 풀이는 오픈북 형태로 단권화 노트를 작성하면서, 회계 및 재무 관련 심화 단계의 인터넷 강의를 추가한다.
③ 면접 준비는 이 시점부터 본격적으로 시작한다. 기본적인 면접 질문에 대한 답변을 준비하거나 자신의 전공 지식을 효과적으로 전달할 수 있는 방법을 연습한다. 또한, 면접스터디를 구성하여 동료들과 함께 모의 면접을 진행하는 것도 좋은 방법이다.

(3) 5~6개월: 전략적 모의고사 + 면접 대비 강화

① 민간경력자 PSAT 기출문제 또는 봉투모의고사를 풀면서 실전과 같은 조건에서 시험을 경험한다.
② 자기개발능력, 대인관계능력, 조직이해능력, 정보능력 등의 모듈형 정리도 다시 시작해야 한다.
③ 이 시점부터는 지원하고 싶은 공공기관에 대한 구체적인 정보 조사를 통해, 해당 기관의 분석을 진행하며 면접 대비를 강화한다. 이 과정에서 전공 관련 PT면접 준비도 함께 병행해야 한다.
④ 모의 면접을 통해 면접의 흐름과 돌발 상황에 대한 대응력을 키우고, 면접 답변에 대한 피드백을 적극 반영하여 답변을 다듬는 과정이 필요하다.

02 공공기관 합격의 Time Table Check List

앞서 소개된 공공기관 합격 플랜을 살펴보았다면, 다음에 제시할 체크리스트를 통해 자신의 필기시험 준비 상태를 체크하고 언제부터 면접을 준비하면 될지 가늠해 볼 수 있다. NCS 직업기초능력을 공부한 지, 평균 4~5개월 차(물론 개인마다 편차는 존재한다)부터 면접 준비를 한다면 면접이 여러분의 발목을 잡을 일은 없을 것이다.

(1) NCS 직업기초능력 및 필기시험 준비 상태

구분	내용	확인
1	NCS 통합 기본서 1회독을 완료하였는가?	☐ 예 ☐ 아니오
2	NCS 통합 기본서 2회독을 완료하였는가?	☐ 예 ☐ 아니오
3	민간경력자 PSAT의 10개년 기출문제를 1회독 하였는가?	☐ 예 ☐ 아니오
4	민간경력자 PSAT의 10개년 기출문제를 2회독 하였는가?	☐ 예 ☐ 아니오
5	직업윤리, 조직이해능력, 정보능력 등 모듈형 이론 정리를 완료하였는가?	☐ 예 ☐ 아니오
6	봉투모의고사 또는 PSAT 모의고사를 1회 이상 치렀는가?	☐ 예 ☐ 아니오

(2) 전공 및 직무 지식 준비 상태

구분	내용	확인
1	지원하는 직무와 관련된 전공지식 및 실무지식을 정리하였는가?	☐ 예 ☐ 아니오
2	직무 관련 전공지식의 기본 개념과 원리를 충분히 숙지하였는가?	☐ 예 ☐ 아니오
3	전공 및 직무 관련 문제 풀이를 반복하여 익숙하게 풀 수 있는가?	☐ 예 ☐ 아니오
4	직무 관련 전공지식의 기본 개념과 원리를 충분히 숙지하였는가?	☐ 예 ☐ 아니오

(3) 기업 분석 및 면접 기초 준비 상태

구분	내용	확인
1	지원할 공공기관의 최근 이슈와 정책을 조사하였는가?	☐ 예 ☐ 아니오
2	지원하는 공공기관의 주요 사업, 미션, 비전 등을 분석하였는가?	☐ 예 ☐ 아니오
3	공공기관의 조직문화와 인재상에 대한 조사를 완료하였는가?	☐ 예 ☐ 아니오
4	기본적인 면접 질문(자기소개, 지원 동기 등)에 대한 답변을 준비하였는가?	☐ 예 ☐ 아니오
5	자신의 경험을 바탕으로 한 강점과 약점을 정리하였는가?	☐ 예 ☐ 아니오
6	면접스터디 또는 모의 면접을 통해 기초 면접 연습을 시작하였는가?	☐ 예 ☐ 아니오

체크리스트 점수 계산 방법

위의 '예' 1개당 1점으로 하며, 15개 항목 중에서 '예'라고 체크한 항목의 수를 합산한다.

결과 해석
① **0~5점**: 아직 면접 준비를 시작하기에는 이른 단계입니다. NCS 통합 기본서 및 전공 지식을 추가적으로 학습하고, 기업 분석을 통해 기초를 다져야 합니다. 필기시험 준비에 조금 더 집중하세요.
② **6~10점**: 필기시험 준비가 어느 정도 진행되었으며, 면접 준비를 시작할 적기입니다. 지금부터는 기본적인 인성면접 및 직무면접에 대비한 답변을 준비하고, 면접스터디를 시작해 보세요.
③ **11~15점**: 필기와 면접 준비를 병행할 수 있는 상태입니다. 이제 본격적인 면접 준비에 돌입할 수 있으며, 모의 면접, PT면접, 상황면접 등의 구체적인 면접 유형별 준비에 집중하세요.

면접 준비 계획

6점 이상일 경우
① **면접 준비 시작**: 기본적인 면접 질문(자기소개, 지원 동기, 직무 관련 질문 등)에 대한 답변을 준비합니다.
② **기업 분석**: 지원하는 공공기관의 최신 이슈, 정책 등을 면밀히 조사하고, 면접에서 이슈를 어떻게 설명할지 연습합니다.
③ **스터디 및 모의 면접**: 면접스터디를 구성하거나 모의 면접을 통해 실전 감각을 익힙니다.

11점 이상일 경우
① **PT면접 및 상황면접 준비**: PT면접 주제를 선택하고, 프레젠테이션 연습을 시작합니다. 상황면접 대비를 위해 다양한 시나리오를 연습합니다.
② **전공 관련 면접 대비**: 전공 및 직무 관련 면접 질문에 대한 구체적인 답변을 준비합니다. 특히 지원 기관의 사업과 연관된 기술적 이슈를 숙지하고 답변할 수 있어야 합니다.
③ **최종 면접 대비**: 본격적으로 면접 모의 훈련을 시작하고, 시뮬레이션을 통해 자신의 답변을 다듬습니다.

공공기관 면접의 성공적인 준비를 위해서는 면접의 유형과 질문 방식을 명확하게 이해하는 것이 중요하다. 공공기관 면접에서는 다양한 면접 진행 방식이 혼재되어 있으며, 지원자는 각 유형별 특징을 파악하고 이에 맞는 전략을 세워야 한다. 지금 현재 면접을 이야기 할 때 면접을 부르는 말은 너무나 다양하다. 그래서 면접을 대비할 때 많은 혼란을 겪는다. 그렇기 때문에 여기에서 면접을 부르는 방식을 먼저 살펴볼 것이다. 면접의 유형은 크게 '면접 진행 방식에 따른 유형'과 '질문 내용에 따른 유형'으로 나눌 수 있다.

01 면접 진행 방식에 따른 유형

(1) PT면접(발표면접)

① PT면접은 공공기관에서 점점 많아지는 추세의 면접 방식으로, 지원자의 문제 해결 능력, 논리적 사고, 그리고 전달력을 평가하는 데 중점을 둔다.
② PT면접의 목적은 지원자의 분석 능력, 문제 해결 능력, 의사소통 능력, 그리고 프레젠테이션 스킬을 종합적으로 평가하기 위해 설계되었고 PT면접의 유형은 다음과 같다.

PT면접의 유형

유형	내용
사전 준비형 PT면접	• 지원자가 주제를 사전에 받아 발표 자료를 준비한 후, 면접 당일 발표를 진행하는 방식이다. • 미리 PPT나 PDF 파일을 제출하는 형식으로 주제는 직무수행계획서 혹은 회사의 사업과 관련된 내용이 주로 출제되고 있다.
즉석 준비형 PT면접	• 면접 당일 주제를 받고, 제한된 시간 내에 발표 자료를 준비하여 발표하는 방식이다. • 대부분 회사의 사업과 관련된 내용이나 기술직 전공과 관련된 내용, 직무와 관련된 상황이 주로 출제되고 있다.
자료 제공형 PT면접	• 면접 주제와 관련된 자료를 제공받고, 이를 요약하여 발표하는 방식이다. • 제공된 자료를 효율적으로 분석하고 핵심을 추출하여 자신의 생각을 발표하는 방식으로 회사와 관련된 보도자료나 정책 자료가 많이 출제되고 있다.
혼합형 PT면접	PT면접과 토론면접이 결합된 형태로, 발표 후 해당 주제에 대해 토론을 진행하거나, 토론 후 발표를 진행하는 방식이다.

(2) 토론면접

① 토론면접은 지원자들이 특정 주제에 대해 찬반 토론을 벌이거나, 자유롭게 의견을 나누며 협의하는 방식의 면접이다.
② 토론면접은 지원자의 논리적 사고, 의사소통 능력, 팀워크 능력, 그리고 설득력을 평가하기 위해 설계된 면접이다.

토론면접의 유형

유형	내용
찬반 토론면접	• 지원자가 주제를 사전에 받아 발표 자료를 준비한 후, 면접 당일 발표를 진행하는 방식이다. • 미리 PPT나 PDF 파일을 제출하는 형식으로 주제는 직무수행계획서 혹은 회사의 사업과 관련된 내용이 주로 출제되고 있다.
토의면접	• 특정 문제나 과제에 대해 해결책을 논의하는 방식으로, 협의 과정을 통해 결론에 도달하는 토론방식이다. • 토의 면접의 주제는 민원 업무 처리, 상황과 관련된 내용이 주로 출제되고 있다.

(3) 多대多 면접

① 정의: 多대多 면접은 여러 명의 지원자와 여러 명의 면접관이 함께 면접을 진행하는 방식으로 지원자의 협업 능력, 발표력, 그리고 다양한 질문에 대한 대응 능력을 평가하기 위해 설계된 면접이다.
② 多대多 면접의 특징
  • **다양한 질문**: 여러 면접관이 각자의 전문 분야에서 다양한 질문을 던지므로 지원자는 폭넓은 준비가 필요하다.
  • **종합 평가**: 여러 면접관이 각각의 기준으로 지원자를 평가하므로 지원자의 종합적인 역량이 중요하다.

(4) 多대 1 면접

① 정의: 多대1 면접은 한 명의 지원자가 여러 명의 면접관 앞에서 면접을 진행하는 방식으로 지원자의 전문 지식, 문제 해결 능력, 그리고 대인 관계 능력을 평가하기 위해 설계된 면접 방식이다.

② 多대 1 면접의 특징
- **상호 작용**: 지원자는 각 면접관과의 상호 작용을 통해 자신의 역량을 다각도로 보여 줄 수 있다.
- **집중된 평가**: 여러 면접관이 한 명의 지원자에게 집중하여 평가하므로 지원자의 역량이 집중적으로 평가된다.

02 면접 질문 내용에 따른 유형

(1) 인성면접

① 인성면접은 지원자의 성격, 가치관, 태도, 그리고 대인관계 능력을 평가하는 면접 방식으로 주로 지원자의 과거 경험과 행동을 통해 현재의 성격과 가치관을 추론하는 면접이다.
② 현재 인성면접의 트렌드는 지원자의 가치관을 많이 물어본다.
③ 인성 면접의 목적
  - **조직 적합성 평가**: 지원자가 조직 문화와 업무 환경에 얼마나 적합한지를 평가한다.
  - **인간 관계 능력 확인**: 지원자가 동료 및 상사와 원활하게 협력할 수 있는 능력을 확인한다.
  - 성격 및 태도 혹은 가치관 파악을 통해 직무 수행에 필요한 적합성을 파악한다.

(2) BEI(Behavioral Event Interview; 경험상황면접)

① BEI(경험상황면접)는 지원자가 과거에 겪었던 구체적인 상황과 그 상황에서 취한 행동을 바탕으로 질문에 답변하는 면접 방식으로 꼬리질문이 많은 것이 특징이다.
② 주로 꼬리질문을 통해 지원자의 역량을 파악하는 유형으로 압박면접과는 매우 다르다.
③ BEI는 지원자의 과거 행동과 경험을 통해 미래의 직무 수행 능력을 예측하는 중요한 면접 방식으로 직무 적합성을 평가한다.

(3) 상황면접

① 상황면접은 면접관이 가상의 상황을 제시하고, 지원자가 그 상황에서 어떻게 행동할지를 설명하는 면접 방식이다.
② 상황면접은 상황을 주고 답변을 해야 하는 경우도 있지만, 한국철도공사처럼 상황면접에 발표면접을 섞어서 하는 유형도 나오고 있다.

(4) 직무역량면접(직무면접)

① 주로 전공지식과 회사의 사업 등에 대한 이해도를 평가하는 질문으로 구성되어 있는 면접이다.
② 한국전력공사에서는 '실무(전공)면접'이라고 규정하고 있다.
③ 직무역량면접은 PT면접, 多대多 면접, 多대1 면접의 형식으로 다양하게 질문을 할 수 있다.

직무역량면접 질문 사례

1. 최근 경제학에서 논의되는 주요 이슈 하나를 선택하여 설명하고, 그 이슈가 한국 경제에 미치는 영향을 분석하시오.
2. OO발전의 주요 사업 중 하나인 재생 에너지 투자에 대해 아는 대로 설명하시오.
3. 최근의 경영 트렌드 중 하나를 선택하여 설명하고, 그 트렌드가 우리 회사의 경영 전략에 어떻게 적용될 수 있는지 논의하시오(토론면접 주제).
4. 최근 전기 공학 분야에서 주목받는 기술 혁신을 설명하고, 그 기술이 우리 회사의 전력 생산 효율성에 어떻게 기여할 수 있는지 발표하시오(PT면접 주제).
5. 대규모 인프라 프로젝트의 리스크 관리 방안을 설명하고, 그 방안이 도로공사의 프로젝트 관리에 어떻게 적용될 수 있는지 논의하시오.

(5) 인바스켓 면접

① 인바스켓(In-Basket) 면접은 기업이나 공공기관에서 직원의 문제 해결 능력과 의사 결정 능력을 평가하기 위해 사용하는 시뮬레이션 면접 기법이다.
② 대부분 형식상 PT면접으로 진행되며, 질문은 가상의 업무 상황을 설정하여 지원자가 제한된 시간 내에 다양한 업무를 처리하도록 하며, 그 결과를 통해 지원자의 역량을 평가하는 면접이다.
③ 주로 업무량이 많고 시간이 부족한 상황을 설정하여 지원자가 어떻게 업무를 우선순위에 따라 처리하는지를 평가한다.
④ 이는 실제 업무 환경에서 발생할 수 있는 다양한 상황을 반영하며, 지원자의 문제 해결 능력, 시간 관리 능력, 조직 이해 능력 등을 종합적으로 평가하는 데 중점을 둔다.

한국도로공사, 공무원연금공단의 인바스켓 면접 기출

기업	기출문제
한국도로공사	• 동반성장과 과제 평가지침 변경에 대한 대응 방안 - 이 과제에서 가장 중요한 것이 무엇인지 설명하시오. - 제시된 문제점 3가지를 한 문장으로 요약하시오. - 불필요한 자료 하나를 골라 설명하시오. - 동반성장의 필요성에 대해 설명하시오. - 우리나라 중소기업 활성화 방안과 본인의 해결책을 제시하시오. • 도로공사의 유휴부지를 효율적으로 활용할 수 있는 방안을 마련하시오. - 유휴부지의 활용 방안을 구체적으로 설명하시오. - 제시된 방안의 장·단점을 비교 설명하시오. - 다른 공기업과의 협력 방안을 제안하시오. • 도로공사 휴게소의 개선 방안을 제시하시오. - 휴게소 개선을 위한 주요 문제점을 파악하시오. - 개선 방안을 단계별로 설명하시오. - 제시된 방안의 예상 효과를 평가하시오.

공무원연금공단	• 현행 연금제도의 문제점을 파악하고 개선 방안을 제시하시오. 　- 연금제도의 주요 문제점을 세 가지 설명하시오. 　- 제시된 문제에 대한 해결 방안을 구체적으로 설명하시오. 　- 개선 방안의 기대 효과를 예측하시오. • 공무원연금의 재정 안정화를 위한 방안을 마련하시오. 　- 재정 문제의 원인을 분석하시오. 　- 재정 안정화를 위한 구체적인 방안을 제시하시오. 　- 다른 공공기관과의 협력 방안을 설명하시오.

취업강의 1위, 해커스잡
ejob.Hackers.com

해커스 따라하면 합격하는 공기업 면접 전략

PART

기초부터 탄탄히!
하루 30분 투자로
면접 기초 완성

면접 대비 달력 소개

- #1 면접 기초 쌓기
- #2 면접 기초 다지기
- #3 면접 기초 완성하기

면접 대비 달력 소개

면접 준비는 철저한 계획과 꾸준한 연습이 필요하다. 1~2개월 차에는 기본적인 면접 매너와 태도를 익히고, 직무와 기업에 대한 이해를 높이는 데 중점을 두어야 한다. 3개월 차에는 모의 면접을 통해 실전 감각을 익히고, 피드백을 반영하여 답변을 다듬는 과정이 중요하다. 매일 30~40분 동안 집중적으로 연습하며, 휴식과 컨디션 관리도 잊지 말아야 한다. 철저한 준비를 통해 자신감을 높이는 연습을 하자.

1개월 차: 면접 기초 쌓기

주차	월	화	수	목	금
1주차	복식호흡법 학습	발성 연습 (기본 발성법)	발음 연습 (모음 발음 연습)	1. 복식호흡법 연습 2. 발성 연습 (티슈활용법)	기본 면접 질문 탐색
2주차	나를 표현하는 캐릭터 만들기	키워드에 따른 장·단점 파악하기	장·단점 사례 파악	단점 극복 사례 만들기	자기소개서 확인 및 경험 찾기
3주차	나만의 포트폴리오 (경험과 사건 나열하기)	나만의 포트폴리오 (경험과 의미 찾기 1)	나만의 포트폴리오 (경험과 의미 찾기 2)	포트폴리오 시각화 (경험 요약)	포트폴리오 시각화 (의미 요약)
4주차	1. 복식호흡법 연습 2. 발성 연습 (티슈활용법)	키워드로 말하기	포트폴리오 파악하기	정리 및 복습	자기소개서 확인

2개월 차: 면접 기초 다지기~완성하기

주차	월	화	수	목	금
5주차	복식호흡 및 발성 연습	1. 복식호흡 및 발성 연습 2. 키톤 찾기	발음 연습 및 스크립트 읽기	발음 연습 및 스크립트 읽기	자세 교정하기
6주차	1. 복식호흡 및 키톤 발성 연습 2. 포트폴리오 활용한 답변 작성하기	1. 복식호흡 및 키톤 발성 연습 2. POWER 기법 답변 작성하기 1	1. 발음 연습 및 스크립트 읽기 2. POWER 기법 답변 작성하기 2	1. 발음 연습 및 스크립트 읽기 2. POWER 기법 답변 작성하기 3	정리 및 복습
7주차	1. 복식호흡 및 키톤 발성 연습 2. 인성면접 질문 및 답변 10개 만들기	1. 복식호흡 및 키톤 발성 연습 2. 인성면접 질문 및 답변 10개 만들기	1. 발음 연습 2. 인성면접 질문 및 답변 10개 만들기	1. 발음 연습 2. 직무면접 질문 및 답변 10개 만들기	1. 발음 연습 2. 직무면접 질문 및 답변 10개 만들기
8주차	면접 답변 연습	1. 면접 답변 연습 (+발성 체크) 2. 문서 요약 연습문제 1	1. 면접 답변 연습 (+발음 체크) 2. 문서 요약 연습문제 2	1. 정리 및 복습 2. 발표 연습하기	1. 정리 및 복습 2. 발표 연습하기

3개월 차: 실전 면접 준비하기

주차	월	화	수	목	금
9주차	목표 기업 분석 (인사말 분석)	목표 기업 분석 (사업분석)	목표 기업 분석 (사업분석)	목표 기업 분석 (사업과 역량 연결하기)	복식호흡 및 발성 연습
10주차	인성면접 및 질문 발표 연습	인성면접 및 질문 발표 연습	인성면접 및 질문 발표 연습	직무면접 질문 발표 연습	발음 연습 스크립트 읽기
11주차	인성면접 및 자세 연습	인성면접 및 시선처리/표정 연습	직무면접 및 발성 연습	직무면접 및 발성 연습	녹음 후 피드백
12주차	모의 면접 후 피드백하기	피드백 반영 및 수정	PT 발표 및 자세 연습	기업 분석 템플릿 수정하기	기업 분석 템플릿 수정하기

#1
면접 기초 쌓기

01 발성과 발음

(1) 발성 트레이닝 기초(복식호흡법, 발성법)

> "많은 지원자들 사이에서 돋보이고 싶어요."
> "자신감 넘치는 면접 실력을 만들고 싶어요."
> "임펙트있게 전달할 수 있는 스피치 실력을 갖고 싶어요."
> "면접관에게 확실하게 각인되고 싶어요."

면접을 앞두고 제대로 준비하고 싶은 마음에 답변을 견고하게 구성하고, 꼼꼼하게 숙지해서 말하는 연습을 한다 해도, 뭔가 자신감이 없어 보이는 느낌은 왜일까. 면접에 있어서 가장 큰 상관관계인 '자신감'은 사실 '목소리'에서 비롯되기 때문이다.

특히 모기 같이 가는 목소리, 아이와 같이 앳된 어투의 '아성'은 면접에서 신뢰감으로 이어지기에 큰 어려움이 있다. 따라서 이번 장에서는 면접관에게 '신뢰'를 주는 목소리를 만드는 첫 번째 스텝, '발성'에 대해 배워보자.

① 1단계: 복식호흡 연습하기

목에 의존하는 가벼운 소리가 아닌, 크고 명확한 소리를 연출하기 위해서는 몸 전체의 울림을 소리로 뱉을 수 있는 '복식호흡'을 해야 한다. 복식호흡이 발성법의 기본이라고는 하지만, 딱히 접해본 적이 없는 우리에게는 생소하며, 어려운 개념이기도 하다. 그러나 복식호흡의 기본은 코로 숨을 들이마시고 입으로 내뱉는 과정을 '복부', 즉 횡경막까지 확대하는 기본적인 개념일 뿐이다. 한마디로 호흡의 범위를 넓혀 '배'를 활용해 호흡하는 방법이다.

이를 가장 쉽게 확인하는 방법은 누워서 배의 움직임을 직접 보고 느껴보는 것이다. 우선 누워있는 상태에서 왼손을 갈비뼈 아래, 오른손을 배꼽 아래 5cm로 손바닥을 올려놓고 코로 숨을 조금씩 마셔보자. 우리의 폐는 풍선과 같기 때문에, 호흡을 통해 조금씩 배가 부풀어 오르는 것이 보일 것이다. 그다음 호흡을 입으로 뱉어보자. 마치 풍선이 수축되는 것처럼, 숨을 조금씩 내쉬면서 부풀었던 배가 조금씩 꺼져가는 것이 보일 것이다.

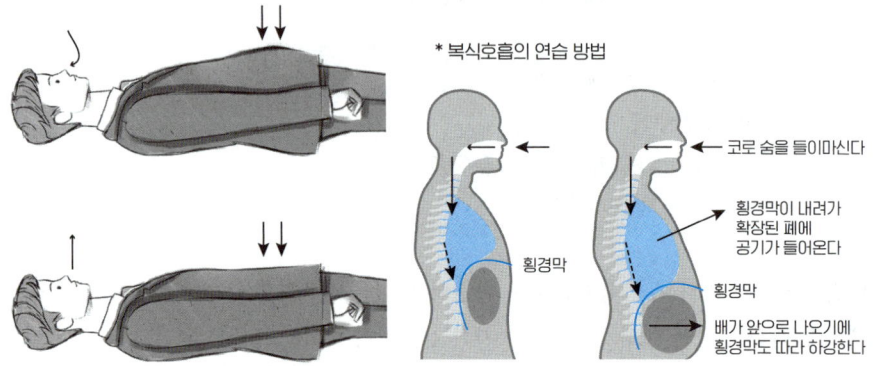

* 복식호흡의 연습 방법

이렇게 하루에 5분가량 누워서 복식호흡을 연습해 보면, 평상시에도 코로 호흡을 마시면서 횡경막이 하강하며 배가 부풀어 오르는 느낌이 명확하게 느껴질 수 있다.

② 2단계: 호흡 뱉기 - 티슈 활용법

복식호흡을 1~2주일가량 습관화한다면, 호흡 자체를 기존 흉식호흡에서 복식호흡으로 바꿔도 이질감이 없을 만큼, 익숙해질 것이다. 그렇다면 다음 스텝은 바로 이 호흡법을 활용해 호흡에 소리를 얹어서 뱉는 연습을 하는 것이다.

기존에는 천천히 호흡을 뱉는 연습을 해왔다면, 이번에는 코로 호흡을 가득 마신 상태에서, 배 근력을 활용해 한 번에 풍선을 뻥 터트리는 것처럼 호흡을 한 번에 뱉어보자. 이 과정에서 소리를 얹어 뱉으면, 자연스럽게 호흡에 소리가 함께 섞여 '하!'하며, 힘 있게 나올 것이다. 이러한 연습법을 지속하여, 처음에는 1초가량 짧게 소리를 유지했다면, 조금씩 호흡과 함께 소리를 길게 뱉는 트레이닝을 통해 복식호흡을 활용한 발성법을 익숙하게 연습하는 것이 좋다. 여기서 호흡과 소리가 동시에 나오는지를 확인하는 방법으로는 '티슈 활용법'이 있다.

입에서 얇은 티슈를 10cm 정도 떨어트린 후, '하'하고 소리를 함께 뱉을 때 휴지가 움직이지 않는다면, 올바른 방법이 아니다. 소리와 함께 호흡을 같이 내뱉어야 제대로 된 공명점을 찾을 수 있다. 한 달가량 해당 연습법을 꾸준히 반복한다면, 복식호흡을 활용한 울림 있는 소리를 연출할 수 있다.

발성 트레이닝 기초 요약

1단계: 복식호흡 연습하기
① 준비 자세: 누워서 왼손은 갈비뼈 아래, 오른손은 배꼽 아래 5cm에 위치시킨다.
② 호흡 들이마시기: 코로 숨을 조금씩 들이마셔 폐가 팽창하면서 배가 부풀어 오르는 것을 느낀다.
③ 호흡 내뱉기: 입으로 숨을 내쉬며 배가 수축하는 것을 느낀다.

2단계: 호흡 뱉기 - 티슈 활용법
① 준비 자세: 복식호흡을 익숙하게 한 후, 코로 호흡을 가득 마신다.
② 호흡과 소리 내뱉기: 배 근력을 활용해 한 번에 호흡을 뱉으며 소리를 얹어 '하!' 소리를 내뱉는다. 처음에는 1초가량 소리를 유지하고, 점차 길게 뱉는 연습을 한다.
③ 티슈 활용법: 입에서 10cm 정도 떨어진 곳에 얇은 티슈를 두고 '하' 하고 소리를 내뱉을 때 티슈가 움직이는지 확인한다. 티슈가 움직이지 않으면 올바른 방법이 아니다. 호흡과 소리를 같이 내뱉어야 한다.

(2) 발음 트레이닝 기초

발성이 건물을 짓는 구조물, 뼈대와 같은 역할을 한다면, 발음은 말 그대로 건물을 완성하는 자재, 벽돌과 같은 역할을 한다.

복식호흡을 바탕으로 소리를 내는 법이 면접장에서 주목받을 수 있는 '자신감'을 준다 해도, 분명한 발음이 동반되지 않으면, 면접관으로부터 '신뢰'를 얻을 수 없다. 더불어 '발음'은 훈련하고 연습하는 만큼, 매우 좋은 개선 효과를 기대할 수 있기 때문에 모든 수험생들이 혹독하게 연습해야 하는 부분이다.

① STEP 1. 입 모양은 크고 정확하게 연출하기

사실 발음을 정확하게 하는 비법은 아주 특별한 건 없다. 음가에 맞도록 입 모양을 크고 정확하게 연출하는 것이 전부이다. 보통 아기 같은 목소리, 웅얼거리는 어투의 가장 큰 문제점은 바로 입을 제대로 벌리지 않고 발음을 하다 보니, 소리가 입술에 갇혀 묻히는 것이 그 원인이다. 따라서 입을 크게 벌리는 것부터 연습하는 자세가 필요하다.

그렇다면 입은 어느 정도로 벌리는 것이 좋을까. 단순히 입을 벌리는 것이 아닌 하악관, 즉 아래턱을 내리는 연습이 필요하다. 명확하게 감이 오지 않는다면, 우리가 흔히 하품할 때를 생각하면 된다. 입안에 아치, 즉 입천장을 벌리고 턱을 내리면서 호흡을 뱉는 하품을 할 때의 입 모양을 생각하며 소리를 뱉는다면, 명확한 발음뿐 아니라 울림 있는 소리를 낼 수 있다.

② STEP 2. 모음에 맞는 입 모양 연출하기

모든 말의 '모음'에 집중해 보자. 가령, 면접 시 가장 먼저 뱉게 되는 '안녕하세요'의 모음인 '아 여 아 에 요'를 제대로 발음하는 것에서부터 명료한 첫인상이 결정된다. '저는 조은희입니다'는 '어 으 오 으 이 이 이 아', '감사합니다'는 '아 아 아 니 아'와 같이 모음의 음가에 맞춰 입을 크게 벌리는 것에서 부정확한 발음, 자신 없는 듯 웅얼거리는 말투에서 벗어날 수 있는 유일한 방법이다. 그리고 각각의 모음의 변화에 따라 입 모양이 바뀌면서 표정 연출도 달라진다.

아, 에, 이, 오, 우, (각 음가에 맞는 그림)

이렇게 각각의 모음에 맞는 정확한 입 모양을 연출하는 것은 처음부터 빠르게 개선되지 않는다. 따라서 미리 시간을 들여 연습하고 모음에 맞는 입 모양 연출법을 습관화해야만 비로소 면접에서 신뢰할 수 있는 스피치를 연출할 수 있을 것이다.

매일 3분 발음 트레이닝

해당 연습법은 1주일 간격으로 훈련을 통해 심화 단계로 넘어가며 연습하는 것이 효과적이다.

단계	훈련 방법
1단계	가 나 다 라 마 바 사 아 자 차 카 타 파 하 거 너 더 러 머 버 서 어 저 처 커 터 퍼 허 고 노 도 로 모 보 소 오 조 초 코 토 포 호 구 누 두 루 무 부 수 우 주 추 쿠 투 푸 후
2단계	갸 냐 댜 랴 먀 뱌 샤 야 쟈 챠 캬 탸 퍄 햐 겨 녀 뎌 려 며 벼 셔 여 져 쳐 켜 텨 펴 혀 교 뇨 됴 료 묘 뵤 쇼 요 죠 쵸 쿄 툐 표 효 규 뉴 듀 류 뮤 뷰 슈 유 쥬 츄 큐 튜 퓨 휴
3단계	괴 뇌 되 뢰 뫼 뵈 쇠 외 죄 최 쾨 퇴 푀 회 귀 뉘 뒤 뤼 뮈 뷔 쉬 위 쥐 취 퀴 튀 퓌 휘 궤 눼 뒈 뤠 뭬 붸 쉐 웨 줴 췌 퀘 퉤 풰 훼 귀 뉘 뒤 뤼 뮈 뷔 쉬 위 쥐 취 퀴 튀 퓌 휘

4단계	계 녜 뎨 례 몌 볘 셰 예 제 체 케 톄 폐 혜 걔 내 대 래 매 배 섀 애 쟤 채 캐 턔 퍠 해
5단계	가 갸 괴 겨 귀 교 궤 규 계 과 괘 궈 걔 나 냐 뇌 녀 뉘 뇨 눼 뉴 녜 놔 놰 눠 내 다 댜 되 뎌 뒤 됴 뒈 듀 뎨 돠 돼 둬 대 라 랴 뢰 려 뤼 료 뤠 류 례 롸 뢔 뤄 래 마 먀 뫼 며 뮈 묘 뭬 뮤 몌 뫄 뫠 뭐 매 바 뱌 뵈 벼 뷔 뵤 붸 뷰 볘 봐 봬 붜 배 사 샤 쇠 셔 쉬 쇼 쉐 슈 셰 솨 쇄 숴 새 아 야 외 여 위 요 웨 유 예 와 왜 워 애 자 쟈 죄 져 쥐 죠 줴 쥬 제 좌 좨 줘 재 차 챠 최 쳐 취 쵸 췌 츄 체 촤 쵀 춰 채 카 캬 쾨 켜 퀴 쿄 퀘 큐 케 콰 쾌 쿼 캐 타 탸 퇴 텨 튀 툐 퉤 튜 톄 톼 퇘 퉈 태 파 퍄 푀 퍼 퓌 표 풰 퓨 폐 퐈 퐤 풔 패 하 햐 회 혀 휘 효 훼 휴 혜 화 홰 훠 해

발음 실전 연습법

발음 기호를 통한 모음 발음 연습을 충분하게 한 후, 거울 앞에서 아래와 같은 기본 답변 원고를 모음만 1회, 기존 원고 1회로 각각 읽는 것이 좋다. 거울을 통해 입 모양이 정확하게 크게 벌어지는지를 확인하며 발음하는 연습을 해 보자.

안녕하세요. 지원번호 1번입니다.
저는 해당 직무 수행을 위해 다년간 많은 노력을 해왔습니다.
첫 번째로, 인턴 경험을 통해 다양한 민원인 분들을 응대 해왔습니다.

아여아에요. 이워어오 이어이이아.
어으 애아 이우우애으 위애 아여아 아으 오여으 애와으이아.
어 어애오, 이어 여어으 오애 아야아 이워이 우으으 으애 애와으이아.

02 호감을 주는 첫인상 만들기

(1) 호감을 주는 이미지

① **호감을 주는 이미지의 중요성**: 면접에서 합격하기 위해 가장 중요한 요소는 '호감을 주는 이미지'이다. 예를 들어, "저는 소통하는 능력이 뛰어납니다. 따라서 민원인 응대에 자신 있습니다."라고 주장하는 지원자가 어두운 표정이나 무표정을 짓고 있다면, 그 말이 전혀 와닿지 않을 것이다. 반면, 밝고 호감 가는 표정을 짓고 있다면, 말하지 않아도 그 이미지만으로도 긍정적인 인상을 줄 수 있다.

② **자연스러운 미소와 '뒤센미소'**: 자연스러운 미소는 감정에 따라 얼굴 표정 근육이 연출되어야 한다. 하지만 많은 지원자들이 좋은 인상을 주기 위해 억지로 미소를 지으려 하다가 오히려 역효과를 불러일으킬 수 있다. 이러한 어색한 미소를 '뒤센미소'라고 하는데, 이는 표정 없이 입만 웃는 모습을 뜻한다. 자연스러운 미소를 연출하기 위해서는 입꼬리만 올리는 것이 아니라 감정에 맞게 얼굴 전체의 근육이 움직여야 한다.

③ 미소를 위한 사전 트레이닝
- 표정 근육 스트레칭: 표정 근육을 스트레칭하여 자연스러운 미소를 연출할 수 있도록 한다.
- 경험을 통한 표현: 인성 면접이나 역량 면접에서는 본인의 경험을 통한 성향이나 생각을 표현하는 것이 중요하다. 이때, 상황에 맞는 적절한 표정 연출이 필요하다.

(2) 호감을 주는 이미지 트레이닝

① 입 주변 근육 풀기

볼에 바람을 끝까지 불어 넣어 부풀리면 턱관절 쪽에서 피식하며 바람이 빠지는 듯한 느낌이 든다. 이렇게 양쪽 볼을 연달아 풀어 준다면 말할 때 입이 굳는 느낌을 방지할 수 있다. 이후 입을 오므리고 시계 방향으로, 그리고 반대 방향으로 반복해서 2~3번씩 돌려주면 입술이 풀어지는 느낌이 들며, 모음에 맞는 입 모양을 연출하기에도 적합하다.

② 입꼬리 올리기

일반적으로는 '개구리 뒷다리', '위스키'와 같이 '이' 발음으로 끝나는 단어로 간헐적 미소 트레이닝을 하곤 한다. 그러나 입꼬리 근육은 내려가기는 쉬워도 쉽게 올라가지는 않는다. 따라서 입꼬리를 올리는 것은 평소 주변인들에게 인사를 한다거나 웃을 때 의식적으로 올리며 습관화하는 것이 최선이다.

③ 눈썹 근육 쓰기 연습

가장 먼저 쓰는 표정 근육 중 하나는 바로 눈썹이다. 특히 감정을 표현할 때 가장 많이 쓰는 근육 또한 눈썹이기 때문에, 하루 1~20번씩 눈썹 근육을 위아래로 올렸다 내렸다를 반복해 주는 것이 좋다.

03 나를 표현하는 캐릭터 만들기

(1) 자신의 캐릭터의 중요성

면접을 준비하는 첫 단계는 자신의 캐릭터를 정확히 파악하는 것이다. 캐릭터에는 통일성이 있어야 하며, 자신을 모두 보여주려 하기보다는 상대가 원하는 것을 보여주는 것이 중요하다. 면접관은 특정 이상형을 설정하지 않고, 상식적이고, 자신을 잘 드러내며, 일을 잘 할 수 있는 사람을 찾는다.

(2) 면접장에서의 실수 유형

① 경험의 모순: 전혀 다른 경험을 이야기하는 경우
② 모순된 이야기: 자신이 모순된 이야기를 하고 있는지 모르는 경우
③ 과잉 의욕: 모든 것을 다 보여주려 하는 경우
④ 말이 나오지 않는 경우: 생각은 많지만 말을 하지 못하는 경우

(3) 캐릭터의 정의와 적용

자신의 캐릭터를 알고, 경험을 접목시킨 사람은 어떤 대답이든 할 수 있다. 다음에 나올 '강조할 키워드' 표에 제시된 내용은 공공기관에서 필요한 성향과 인재상을 기반으로 만든 23가지 캐릭터 유형이다. 키워드는 중복 선택이 가능하나 3개 이상 고르지 않도록 한다.

강조할 키워드

구분	강조할 키워드	내용
1	원칙주의자	• 매뉴얼을 중시하는 사람 • 어떤 일을 할 때 계획을 먼저 하고 일을 시작하는 사람 • 변화에 민감하지 못하고 법률과 도덕을 지향하는 사람 • 신뢰가 중요하다고 생각하는 사람 • 계획한 대로 일이 되지 않을 때 힘들어하는 사람
2	희생정신	• 소속된 조직이나 타인을 위해 손해를 감수할 수 있는 사람 • 남들이 하기 싫어하는 일에 솔선수범하는 사람 • 나의 이익보다는 조직이나 타인의 이익을 먼저 생각하는 사람 • 눈앞에 있는 이익이나 손실보다는 차후의 이익을 더 고려하는 사람
3	팔로우십	• 다른 사람들이나 조직을 서포트하여 좋은 성과를 냈을 때 성취를 느끼는 사람 • 조직 내에서 주어진 역할을 책임감 있게 수행하여 조직의 가치에 보탬을 줄 때 만족감을 느끼는 사람 • 문제 상황이 생겼을 때 주도적으로 타인을 이끌어 나가기보다는 뒤에서 필요한 부분을 지원하는 사람 • 다른 사람들이 놓치는 부분들까지 꼼꼼하게 챙기는 사람
4	공동체 의식 (주인의식)	• 개인의 목표보다는 조직과 공동의 목표에 더 우선 순위를 두는 사람 • 나 개인의 이득보다는 조직과 타인의 이득을 우선시 하는 사람 • 조직의 발전을 위해 어느 정도의 희생을 감수할 수 있는 사람 • 내가 속한 조직과 함께 성장한다는 것에 성취를 느낄 수 있는 사람 • 스스로 조직에 있는 문제점이나 비효율적인 측면을 간파하고 문제 해결을 찾아내는 사람
5	소통을 잘하는 사람	• 다른 사람의 입장과 눈높이를 고려할 줄 아는 사람 • 다른 사람의 기분이나 분위기를 파악하여 소통할 줄 아는 사람 • 다양한 상황이나 개인의 성향에 맞춤형 소통을 할 수 있는 사람 • 갈등 상황에서 타인의 니즈를 파악하여 소통하고 설득할 수 있는 사람
6	분석능력	• 문제 발생 시 이성적으로 상황을 판단하고 분석하려는 사람 • 문제 상황에서 비판적인 시각을 적용할 줄 아는 사람 • 새로운 것을 기획할 때 창의적인 아이디어보다는 기획 의도나 목적, 타깃이나 방법을 먼저 고려하는 사람 • 여러 가지 분석 tool과 분석 기법을 활용할 줄 아는 사람

7	창의성	• 문제 상황에서 새로운 관점을 적용하고 제시할 줄 아는 사람 • 남들과는 차별화된 아이디어를 제시할 수 있는 사람 • 기존에 관습에 얽매이지 않고 새로운 것을 시도하는 사람 • 평범한 것보다는 '나'만의 것, '새로운' 것을 추구하는 사람 • 효율적인 것을 추구하는 사람
8	서비스 마인드	• 다양한 고객 유형을 파악하고 눈높이를 맞출 줄 아는 사람 • 고객의 만족도를 통해 직무적 성취감을 느낄 수 있는 사람 • 무리한 요구나 진상이라고 불리는 고객 응대 시에 당황하지 않고, 고객의 입장을 고려하려는 자세를 지닌 사람 • 밝은 인상과 상냥한 태도로 소통이 가능한 사람 • 낯을 가리지 않고 먼저 다가갈 수 있는 사람
9	책임감	• 주어진 일에 있어 명확한 책임 의식과 목적 의식을 갖춘 사람 • 조직의 목표와 각 업무의 목적을 이해하는 사람 • 어떤 상황에서도 주어진 일만큼은 완벽하게 해내기 위해 노력하는 사람 • 조직 구성원들에게 신뢰를 받을 때 만족감을 느끼는 사람 • 자신의 편의를 위해 업무를 대충 하는 것을 용납할 수 없는 사람
10	전문성	• 주어진 업무를 수행할 때 완벽하게 수행하기 위해 기본 이상의 노력을 할 줄 아는 사람 • 내가 잘 알고 있는 분야에 대해 누군가에게 알려주고 가르쳐줄 때 만족감을 느끼는 사람 • 관심 있는 분야에 대해 계속해서 탐구하여 다각화된 시각을 가지기 위해 노력하는 사람 • 자료나 정보를 얻기 위해 단순한 구글링이 아닌 논문이나 여러 참고 자료를 탐독하며 완벽한 정보를 얻기 위해 노력하는 사람 • 자신의 전공 분야에 흥미를 느끼는 사람
11	끈기	• 과정 그 자체에 집중하여 최선을 다하는 사람 • 주어진 업무나 상황에 대한 강한 책임감을 갖춘 사람 • 업무 완수 과정에서 힘들거나 지치는 것이 당연하다고 여기는 사람 • '중간에 포기할 거면 아예 시작조차 하지 않는다.'라고 생각하는 사람 • 어떤 일에 대한 마무리를 잘하는 사람

12	신중함	• 한 가지 문제 상황에 대해 여러 가지 시각을 반영하여 해결하려는 의지를 지닌 사람 • 행동으로 옮기기 이전에 여러 가지 경우의 수를 고려할 줄 아는 사람 • 긴급한 상황에서도 완벽성을 추구하는 것에 중점을 두는 사람 • 사소한 것 하나도 꼼꼼하게 확인하고 고려할 줄 아는 사람 • 메모하는 습관을 지니고 있는 사람
13	효율추구(유연성)	• 규정에 어긋나지 않는 선에서 효율성을 추구하는 사람 • 업무의 효율을 위해 새로운 방식을 제안하는 사람 • 인간관계에서 '선의의 거짓말은 어느 정도 필요하다'라고 생각하는 사람 • 문제 상황에서 기존 관습만 따르기보다는 새로운 돌파구를 찾기 위한 노력을 하는 사람
14	진보와 변화	• 기존에 관습을 쇄신하여 변화를 이끌어내고자 하는 의지를 가진 사람 • 새로운 분야나 행동 방식을 받아들이는 것에 적극적인 사람 • 무엇인가를 성취하고 완수했을 때 성취감만 느끼기보다는 이러한 성취를 계기로 다른 도전을 고려할 줄 아는 사람 • 새로운 것을 받아들이지 않고 현 상황에 안주할 때 불안함을 느끼는 사람
15	긍정적 관점	• 해결하기 어려운 문제 상황에서도 의지를 갖고 해결하기 위해 여러 가지 시도를 할 줄 아는 사람 • 다른 사람이나 상황을 바라볼 때 비판적인 부분을 크게 고려하지 않는 사람 • 속한 조직의 분위기를 유연하게 만들 수 있는 사람 • 회복 탄력성(스트레스 후 회복 능력)이 높은 사람
16	혁신	• 비효율적인 것을 개선하기 위해 새로운 시스템을 받아들이고자 노력하는 사람 • 4차 산업혁명과 같은 새로운 분야를 받아들여야만 현 상황을 유지할 수 있다고 생각하는 사람 • 새로운 기술이나 지식을 받아들이는 것에 주저하지 않는 사람 • 시의적인 내용에 흥미를 느끼는 사람
17	열정과 적극성	• 다른 사람들이 나서기를 꺼리는 상황에서도 주도적으로 나서서 문제를 해결하려는 사람 • 문제 해결에 대한 강한 의지로 다른 조직 구성원들을 독려할 수 있는 사람 • 노력에 대한 의심 없이 계속해서 집중하여 문제를 해결할 줄 아는 사람

18	리더십	• 주도적으로 문제를 해결하기 위해 노력하는 사람 • 다른 조직 구성원들의 강점을 파악하여 분배 및 조율하는 데 강점을 가진 사람 • 자리에 대한 책임을 중시하기 때문에 위치에 따라 더 좋은 능력을 보이기도 하는 사람 • 조직 전체의 성과에 책임감을 느끼는 사람
19	순발력, 센스	• 예상하지 못한 돌발 상황에 재빠르게 대처하는 능력을 지닌 사람 • 요청하지 않아도 먼저 타인의 니즈를 파악하는 사람 • 업무를 처리할 시 빠르게 숙달하는 것에 중점을 두는 사람 • 갈등 상황 시 다른 사람의 상황이나 성향을 파악하여 유연하게 대처하는 사람
20	상생	• 각자 다른 눈높이를 가진 사람들이 같은 시야를 유지하게 하기 위해 각자 다른 발판이 필요하다고 생각하는 사람 • 도움이 필요한 사람들에게 마땅한 도움을 주는 것이 마땅하다고 생각하는 사람 • 사회적인 배려가 필요한 이들을 위해 어느 정도의 희생은 필요하다고 생각하는 사람
21	객관성/수용성	• 다른 사람들이 지적하는 점에 대해 감정적으로 상해하기보다는 수용할 줄 아는 사람 • 스스로에 대해 객관적으로 바라보고 강점과 약점을 구별할 줄 아는 사람 • 상대방의 피드백을 신뢰할 수 있는 사람 • 문제 상황이 생겼을 때 다른 사람의 의견을 구해 해결할 줄 아는 사람
22	추진력	• 생각을 행동으로 옮기는 것에 가장 우선 순위를 두는 사람 • 계획을 실행하는 과정에서 본인뿐 아니라 다른 사람들까지 독려할 수 있는 사람 • 도전이나 실패에 대한 두려움보다는 고민만 하다가 모두 놓치게 되는 상황을 더 두려워하는 사람
23	사회적 배려	• 기본적인 에티켓이나 매너를 지키는 것이 필수적이라고 생각하는 사람 • 다른 사람에게 피해를 끼치는 것과 다른 사람으로 인한 피해를 받는 것 모두 지양하려는 사람 • 업무 수행 시 기본적인 매뉴얼이나 규정 등을 준수하여 처리하는 것이 중요하다고 생각하는 사람

(4) 캐릭터 키워드의 선정 방법

① **키워드 선정**: 자신에게 맞는 키워드를 최소 1개에서 최대 3개까지 선정한다.
② **캐릭터 설명**: 예를 들어, '원칙주의자', '공동체 의식', '분석 능력'을 선택했다면, 계획적으로 일을 시작하고, 조직과 함께 성장하며, 분석 도구와 기법을 통해 문제를 해결하는 사람이다.
③ **적합한 키워드**: 자신이 비슷한 경험이나 사례가 있는지를 살펴보고 키워드를 선택한다.
④ **주의사항**: 서로 모순되는 키워드를 선택하지 않도록 주의한다.

키워드 조합 사례

당신이 원칙주의자에 공동체 의식을 가지고 있고, 분석 능력을 골랐다면 당신은 어떤 일을 할 때 계획을 먼저 하고 일을 시작하는 사람이며, 내가 속한 조직과 함께 성장한다는 것에 성취를 느끼며, 일의 과정에서는 여러 가지 분석 tool과 분석 기법을 통해 문제를 해결하는 사람인 것이다. 이런 사람들의 특징은 문제를 해결할 때 먼저 매뉴얼을 살펴보고 공동체에 어떻게 하면 이익을 가져다줄 수 있는지를 생각하게 된다. 이런 캐릭터가 싫어하는 유형은 즉흥적이고, 공동체의 이익보다 개인의 이익을 더 중요하게 생각하는 사람일 것이다.

(5) 강조할 캐릭터 조합하기

자신의 캐릭터를 찾았다면 자신의 캐릭터에 장·단점에 대해 알아보아야 한다. 이때 전제할 것이 있는데 전제 조건은 '공동체'에서 발휘되는 장·단점임을 전제해야 한다. 그리고 키워드를 찾았다면 여기에서 자신이 강조할 점을 이야기할 수 있다.

키워드에 따른 장·단점 성향 분석

구분	강조할 키워드	장점	단점
1	원칙주의자	리스크가 없음	유연하지 못함
2	희생정신	조직의 발전에 기여	개인적 이익을 놓침
3	팔로우십	꼼꼼함과 배려	추진력이 없음
4	공동체 의식 (주인의식)	조직 구성원의 신뢰 형성	오버워킹(over-working)이 될 가능성이 큼
5	소통을 잘하는 사람	설득과 갈등 해결	구설수에 오를 가능성이 큼
6	분석능력	문제 해결 능력	문제에 대한 비판적인 시각
7	창의성	조직에 효율성 증가	편법을 사용하는 경우가 있음
8	서비스 마인드	고객 만족도 증가	개인적 스트레스 증가
9	책임감	조직 성과에 기여	구성원의 부담감 가중
10	전문성	업무 완성도에 기여	업무상 비효율성 증가
11	끈기	난제 해결 기여	성과에 집착
12	신중함	리스크 저하	시간의 효율성이 떨어짐

13	효율추구(유연성)	조직의 효율성 증가	편법을 사용하는 경우가 있음
14	진보와 변화	조직 발전에 기여	기존의 시스템에 대한 비판적 시각
15	긍정적 관점	조직의 분위기 쇄신	현실적 상황판단 능력 저하
16	혁신	조직 발전에 기여	기존의 시스템에 대한 비판적 시각
17	열정과 적극성	난제 해결 기여	구성원의 부담감 가중
18	리더십	조직 구성원의 신뢰형성	오버워킹(over-working)이 될 가능성이 큼
19	순발력, 센스	고객 만족도 증가	편법을 사용하는 경우가 있음
20	상생	사회 발전에 기여, 조직문화 발전에 기여	개인적 이익을 놓침
21	객관성/수용성	문제 해결 능력	개인적 스트레스 증가
22	추진력	난제 해결에 기여	업무상 리스크 증가
23	사회적 배려	사회 발전에 기여, 조직문화 발전에 기여	개인적 이익을 놓침

(6) 반대되는 키워드 찾기

① 면접자들마다 성격이나 활동 내용들이 다르기 때문에 개인적으로 접근한 뒤, 이것을 면접에서 사용하도록 일반화시키는 작업이기 때문에 중복이 되는 것이다. 예를 들어 앞에서 이야기 했듯이, 본인이 원칙주의자이자 공동체 의식을 가지고 있고, 분석능력이 자신의 캐릭터의 키워드라면 본인의 장점은 조직의 리스크를 줄이는 사람이자 조직 구성원에게 신뢰를 얻는 사람이며, 문제 해결 능력이 강한 사람일 수 있다. 결국 본인이 강조할 키워드를 통해 얻을 수 있는 경험은 공동체 의식을 통해 신뢰를 얻고 조직의 리스크를 줄인 경험을 강조하여 자신의 문제 해결 능력을 강조할 수 있을 것이다. 이 부분은 자신의 포트폴리오를 통해서 알 수 있는 부분이다.

② 그렇다면 위의 사례에서 단점으로 돌발 상황에 유연하지 못하고, 오버워킹(over-working)이 되어 자신의 시간이 많이 없을 것이며, 문제에 대한 비판적인 시각으로 긍정적이지 못한 사람일 수 있다. 그렇다면 이를 극복할 수 있는 방법은 무엇일까? 위의 표에서 본인과 반대되는 성향을 하나 찾아보자. 예를 들어 '긍정적 관점'이 될 수 있을 것이다. 이를 정리해 보면 다음과 같다.

본인의 키워드와 반대되는 키워드

구분	강조할 키워드	반대되는 성향(키워드)
1	원칙주의자	13. 유연성, 15. 긍정적 관점, 5. 소통을 잘하는 사람
2	희생정신	6. 분석능력, 21. 객관성/수용성
3	팔로우십	22. 추진력, 17. 열정과 적극성
4	공동체 의식(주인의식)	6. 분석능력, 21. 객관성/수용성
5	소통을 잘하는 사람	12. 신중함, 6. 분석능력
6	분석능력	15. 긍정적 관점, 22. 추진력, 14. 진보와 변화
7	창의성	1. 원칙주의자, 21. 객관성/수용성

8	서비스 마인드	15. 긍정적 관점, 6. 분석능력, 4. 공동체 의식
9	책임감	13. 효율추구, 5. 소통을 잘하는 사람
10	전문성	13. 효율추구, 15. 긍정적 관점, 21. 객관성/수용성
11	끈기	6. 분석능력, 13. 효율추구, 21. 객관성/수용성
12	신중함	22. 추진력, 15. 긍정적 관점
13	효율추구(유연성)	1. 원칙주의자, 4. 공동체 의식, 6. 분석능력
14	진보와 변화	1. 원칙주의자, 4. 공동체 의식, 20. 상생
15	긍정적 관점	6. 분석능력, 21. 객관성/수용성
16	혁신	1. 원칙주의자, 4. 공동체 의식
17	열정과 적극성	5. 소통을 잘하는 사람, 12. 신중함, 23. 사회적 배려
18	리더십	5. 소통을 잘하는 사람, 21. 객관성/수용성, 23. 사회적 배려
19	순발력, 센스	1. 원칙주의자, 12. 신중함
20	상생	6. 분석능력, 21. 객관성/수용성
21	객관성/수용성	15. 긍정적 관점, 6. 분석능력
22	추진력	6. 분석능력, 12. 신중함
23	사회적 배려	5. 소통을 잘하는 사람, 13. 유연성

자신의 단점 극복 사례 1

캐릭터: 원칙주의자, 공동체 의식, 분석 능력
① 돌발 상황에 유연하지 못하다. → 유연한 사고가 필요
② 오버워킹이 되어 자신의 시간을 활용하지 못한다. → 자기 발전에 필요성
③ 문제에 대한 비판적인 사고로 긍정적이지 않다. → 문제에 대처할 때 긍정적인 것이 필요

세 가지 단점에서 뽑아낸 키워드: 유연한 사고, 자기 발전, 긍정성

유연성과 긍정성을 나타내는 키워드: 효율추구(유연성), 긍정적 관점

13	효율추구(유연성)	• 규정에 어긋나지 않는 선에서 효율성을 추구하는 사람 • 업무의 효율을 위해 새로운 방식을 제안하는 사람 • 인간관계에서 '선의의 거짓말은 어느 정도 필요하다'라고 생각하는 사람 • 문제 상황에서 기존 관습만 따르기보다는 새로운 돌파구를 찾기 위한 노력을 하는 사람
15	긍정적 관점	• 해결하기 어려운 문제 상황에서도 의지를 갖고 해결하기 위해 여러 가지 시도를 할 줄 아는 사람 • 다른 사람이나 상황을 바라볼 때 비판적인 부분을 크게 고려하지 않는 사람 • 속한 조직의 분위기를 유연하게 만들 수 있는 사람 • 회복 탄력성(스트레스 후 회복 능력)이 높은 사람

☞ **결과**: 나에게 어울리는 극복 관점 → 새로운 돌파구를 찾아보기

자신의 단점 극복 사례 2

캐릭터: 팔로우십, 신중함, 수용성
① 추진력이 없는 경우가 많다. → 적극성을 가져야 할 필요성
② 시간의 효율성이 떨어진다. → 추진력을 갖춤
③ 개인적 이익을 놓칠 가능성이 많다. → 이익을 생각해야 할 분석능력

세 가지 단점에서 뽑아낸 키워드: 적극성, 추진력, 분석능력

적극성과 추진력, 긍정성을 나타내는 키워드: 추진력, 분석능력

6	분석능력	• 문제 발생 시 이성적으로 상황을 판단하고 분석하려는 사람 • 문제 상황에서 비판적인 시각을 적용할 줄 아는 사람 • 새로운 것을 기획할 때 창의적인 아이디어보다는 기획 의도나 목적, 타깃이나 방법을 먼저 고려하는 사람 • 여러 가지 분석 tool과 분석기법을 활용할 줄 아는 사람
22	추진력	• 생각을 행동으로 옮기는 것에 가장 우선 순위를 두는 사람 • 계획을 실행하는 과정에서 본인뿐 아니라 다른 사람들까지 독려할 수 있는 사람 • 도전이나 실패에 대한 두려움보다는 고민만 하다가 모두 놓치게 되는 상황을 더 두려워하는 사람

☞ **결과:** 나에게 어울리는 극복 관점 → 문제 발생 시 여러 가지 분석 tool을 찾아보기, 도전이나 실패에 대한 두려움보다는 놓치게 되는 상황을 먼저 생각하기

자신의 단점 극복 사례 3

캐릭터: 진보와 변화, 긍정적 관점, 열정과 적극성
① 기존의 시스템에 대한 비판적 시각을 가지고 있다. → 공동체 의식이 필요
② 현실적 상황판단 능력이 낮을 가능성이 있다. → 자신을 객관적으로 파악하고, 업무에 대한 분석 능력 필요
③ 구성원이 자신의 열정을 따라오지 못해 부담감이 생길 가능성이 있다. → 조직원과 소통을 잘해야 할 필요

세 가지 단점에서 뽑아낸 키워드: 공동체 의식, 객관성, 소통

공동체 의식과 객관성, 소통과 관련된 키워드: 공동체 의식, 분석능력, 소통을 잘 하는 사람

4	공동체 의식 (주인의식)	• 개인의 목표보다는 조직과 공동의 목표에 더 우선 순위를 두는 사람 • 나 개인의 이득보다는 조직과 타인의 이득을 우선시하는 사람 • 조직의 발전을 위해 어느 정도의 희생을 감수할 수 있는 사람 • 내가 속한 조직과 함께 성장한다는 것에 성취를 느낄 수 있는 사람 • 스스로 조직에 있는 문제점이나 비효율적인 측면을 간파하고 문제 해결책을 찾아내는 사람
5	소통을 잘하는 사람	• 다른 사람의 입장과 눈높이를 고려할 줄 아는 사람 • 다른 사람의 기분이나 분위기를 파악하여 소통할 줄 아는 사람 • 다양한 상황이나 개인의 성향에 맞춤형 소통을 할 수 있는 사람 • 갈등 상황에서 타인의 니즈를 파악하여 소통하고 설득할 수 있는 사람
6	분석능력	• 문제 발생 시 이성적으로 상황을 판단하고 분석하려는 사람 • 문제 상황에서 비판적인 시각을 적용할 줄 아는 사람 • 새로운 것을 기획할 때 창의적인 아이디어보다는 기획 의도나 목적, 타깃이나 방법을 먼저 고려하는 사람 • 여러 가지 분석 tool과 분석기법을 활용할 줄 아는 사람

☞ **결과**: 나에게 어울리는 극복 관점 → 다른 사람의 기분이나 분위기를 파악하여 말하기, 조직과 함께 자신도 성장한다는 것을 늘 생각하기, 문제 발생 시 기획 의도를 먼저 살펴보기

04 나만의 포트폴리오 만들기

포트폴리오 작성은 자신의 경험과 역량을 체계적으로 정리하여 면접관에게 효과적으로 어필할 수 있는 중요한 도구이다. 하지만 많은 사람들이 처음에는 자신이 가진 경험이 부족하다고 느끼고, 어떻게 작성해야 할지 막막해한다. 이 장에서는 체계적이고 효과적인 포트폴리오를 만드는 방법을 단계별로 설명하고자 한다.

(1) 경험과 사건 나열하기

① 포트폴리오 작성의 첫 단계는 자신이 기억하는 경험과 사건을 거칠게 나열하는 것이다. 이때 중요한 것은 자신감을 잃지 않고, 가능한 한 많은 경험을 떠올리는 것이다. 자신이 했던 모든 일들을 다 기억할 수는 없기 때문에, 떠오르는 대로 기록하는 것이 중요하다. 이를 통해 나중에 구체적인 의미와 연결 지을 수 있는 기초 자료를 마련할 수 있다.

② 각 경험과 사건을 구체적으로 나열하는 이유는 이후에 이 경험들이 현재의 자신에게 어떤 의미가 있는지를 파악하기 위함이다. 또한, 이러한 경험들이 어떻게 자신의 역량과 연결되는지를 확인할 수 있다. 처음에는 기억나는 대로 작성하되, 사건의 세부 사항을 구체적으로 작성하는 것이 중요하다. 이렇게 함으로써 나중에 각 사건의 의미를 명확하게 정의할 수 있다.

(2) 경험과 사건 나열하는 방법

① 경험과 사건은 순서대로 생각나는 만큼만 적으면 된다.
- 처음부터 너무 디테일하게 쓰지 않고, 자신이 생각나는 대로 나열한다.
- 예를 들어, 대학생 봉사 동아리 활동에서 있었던 다양한 사건들을 떠올리면서 적는다.

② 경험은 하나이지만 사건은 여러 개일 수 있다.
- 하나의 경험(예: 대학생 봉사 동아리 활동) 안에 여러 사건(예: 어린이 교육 봉사, 노인 복지 센터 봉사 등)을 포함시킨다.

경험과 사건 나열에 대한 예시

경험 1: 대학생 봉사 동아리 활동
- ◆ 사건 1: 지역 사회 어린이 교육 봉사
  - ① 매주 토요일마다 지역 아동센터를 방문하여 아이들에게 영어와 수학을 가르쳤다.
  - ② 봉사활동을 통해 아이들의 학업 성취도가 향상되었고, 아이들과의 신뢰 관계가 형성되었다.
- ◆ 사건 2: 노인 복지 센터 봉사 활동
  - ① 매월 첫째 주 일요일에 노인 복지 센터를 방문하여 어르신들과 대화하고, 필요한 도움을 제공했다.
  - ② 어르신들과의 대화를 통해 그들의 외로움을 덜어드리고, 복지 센터의 활동에 적극 참여하도록 도왔다.
- ◆ 사건 3: 환경 보호 캠페인 주도
  - ① 지역사회에서 환경 보호 캠페인을 주도하여 쓰레기 줍기 행사와 재활용 교육 프로그램을 진행했다.
  - ② 캠페인을 통해 지역 주민들의 환경 의식을 높이고, 참여율을 30% 증가시켰다.

경험 2: 기업 인턴십
- ◆ 사건 1: 시장 조사 프로젝트 참여
  - ① 인턴십 기간 동안 시장 조사 프로젝트에 참여하여 데이터 수집 및 분석 업무를 수행했다.
  - ② 프로젝트 결과를 토대로 작성한 보고서는 회사의 전략 수립에 중요한 자료로 활용되었다.
- ◆ 사건 2: 팀 내 보고서 작성
  - ① 팀원들과 협력하여 주간 보고서를 작성하고, 발표 자료를 준비했다.
  - ② 정확하고 논리적인 보고서 작성으로 팀 내에서 신뢰를 얻고, 보고서 작성 능력을 인정받았다.

◆ 사건 3: 고객 관리 시스템 개선
① 고객 관리 시스템의 효율성을 높이기 위한 개선 프로젝트에 참여하여 데이터 정리 및 분석을 수행했다.
② 개선된 시스템을 통해 고객 만족도가 20% 증가하고, 업무 처리 속도가 향상되었다.

경험 3: 공모전 참여
◆ 사건 1: 경영 전략 공모전 참가
① 경영 전략 공모전에 팀을 구성하여 참가하고, 창의적이고 실현 가능한 전략을 제시했다.
② 공모전에서 우수한 성적을 거두며 팀의 노력이 인정받았다.
◆ 사건 2: 아이디어 공모전 수상
① 사회적 문제 해결을 위한 아이디어 공모전에 참가하여 창의적인 해결책을 제안했다.
② 제안한 아이디어가 실현 가능성과 창의성을 인정받아 수상하였다.
◆ 사건 3: 사회적 기업 아이디어 발표
① 사회적 기업 아이디어 발표 대회에 참가하여 공익적 가치를 지닌 비즈니스 모델을 제안했다.
② 발표를 통해 청중의 공감을 얻고, 실현 가능성에 대한 긍정적인 피드백을 받았다.

(2) 경험과 의미 찾기

① 경험과 사건을 나열한 후에는, 각 경험이 현재의 자신에게 어떤 의미를 가지는지 되짚어 보는 작업이 필요하다.
② 이를 통해 단순한 경험이 아닌, 자신에게 의미 있는 자산으로 변환할 수 있다. 이 작업은 친구에게 이야기하듯 편안하게 설명하면 더욱 효과적이다.
③ 의미를 작성할 때는 '현재의 시점에서 매우 긍정적으로' 작성해야 한다.

경험 의미 예시

경험 1: 대학생 봉사 동아리 활동
◆ 의미: "봉사 활동을 통해 다양한 사람들과 협력하는 법을 배웠어. 특히, 지역 사회 어린이 교육 봉사는 정말 보람 있었어. 아이들이 눈을 반짝이며 배우는 모습을 보며 큰 책임감을 느꼈지. 이 경험을 통해 팀워크와 리더십이 얼마나 중요한지 깨달았어."

경험 2: 기업 인턴십
◆ 의미: "기업에서 인턴십을 하면서 실무 경험을 쌓을 수 있었어. 특히, 시장 조사 프로젝트에 참여하면서 데이터를 분석하고, 이를 통해 전략을 세우는 과정이 정말 흥미로웠어. 덕분에 문제 해결 능력과 분석력을 키울 수 있었지."

경험 3: 공모전 참여
◆ 의미: "여러 번의 공모전 참여를 통해 도전 정신을 기를 수 있었어. 경영 전략 공모전에서 수상했을 때는 정말 뿌듯했어. 이 과정에서 창의적 사고와 프레젠테이션 능력을 크게 향상시킬 수 있었지."

(3) 포트폴리오 시각화

포트폴리오는 시각적으로도 깔끔하고 이해하기 쉽게 구성되어야 한다. 그래프, 표, 이미지 등을 활용하여 시각적 효과를 높인다.

경험 및 의미 요약 표 사례

경험	사건	의미
대학생 봉사 동아리	지역 사회 어린이 교육봉사	아이들이 배우는 모습을 보며 큰 책임감을 느꼈고, 팀워크와 리더십의 중요성을 깨달았어.
	노인 복지 센터 봉사	노인분들과의 소통을 통해 공감 능력을 키울 수 있었고, 사회적 책임감을 느꼈어.
	환경 보호 캠페인 주도	환경 보호의 중요성을 실천하며 리더십을 발휘할 수 있었고, 많은 사람들에게 긍정적인 영향을 줄 수 있어서 뿌듯했어.
기업 인턴십	시장 조사 프로젝트 참여	데이터 분석과 전략 수립을 통해 문제 해결 능력과 분석력을 키울 수 있었어.
	팀 내 보고서 작성	보고서를 작성하며 논리적 사고와 의사소통 능력을 향상시킬 수 있었어.
	고객 관리 시스템 개선	고객 관리 시스템을 개선하며 효율성을 높일 수 있었고, 실무 경험을 쌓을 수 있었어.
공모전 참여	경영 전략 공모전 참가	도전 정신을 기를 수 있었고, 창의적 사고와 프레젠테이션 능력을 향상시킬 수 있었어.
	아이디어 공모전 수상	수상을 통해 자신감을 얻었고, 노력의 결과를 인정받을 수 있어서 뿌듯했어.
	사회적 기업 아이디어 발표	공익적 가치를 추구하는 아이디어를 발표하며 사회적 책임감을 느꼈고, 창의적 문제 해결 능력을 키울 수 있었어.

포트폴리오는 자신의 경험과 역량을 체계적으로 정리하여 면접관에게 신뢰를 줄 수 있는 중요한 도구이다. 이 장에서는 경험과 사건 나열하기, 경험의 의미 찾기, 경험과 역량 연결하기, 포트폴리오 시각화의 단계별 방법을 제시하였다. 이를 통해 나만의 포트폴리오를 완성하여 면접에서 자신을 효과적으로 어필할 수 있기를 바란다.

01 발성과 발음

(1) 복식호흡 발성 트레이닝, 키톤 찾기

① **남성 및 여성 지원자의 목소리 톤**: 여성 지원자들은 보통 상냥한 느낌을 연출하기 위해 가늘고 높은 톤을, 남성 지원자들은 무게감을 주기 위해 낮은 톤을 선호하는 편이다. 그러나 억지로 내 몸에 맞지 않는 소리를 연출하면 성대에 피로감을 주고, 듣는 사람에게도 부자연스럽게 느껴질 수 있다. 따라서 개인의 몸에 맞는 톤을 찾는 것이 중요하다.

② **'키톤'(Key Tone)의 정의와 중요성**: '키톤'은 개인에게 가장 적합한 목소리를 뜻한다. 자신의 몸에 맞는 키톤을 찾으면 성대에 피로감을 주지 않으면서도 극대화된 울림을 통해 상대방에게 편안하고 분명한 소리를 전달할 수 있다.

③ **'키톤'을 찾기 위한 방법**
- **복식호흡존과 공명점**: 미국 음성학자인 모튼 쿠퍼는 복식호흡존을 C-spot, 즉 공명점에서 배꼽 아래 5cm까지의 공간으로 규정했다. 이 C-spot에 채워진 공기가 성대를 통과하면서 진동을 통해 소리가 만들어진다.
- **명치에 숨 채우기**: 명치(갈비뼈가 갈라지는 Y존)에 숨을 가득 채운 후, 티슈 활용법을 통해 호흡과 소리를 동시에 뱉는다. 이때, 짧게 '하!'하고 소리를 뱉었다면, 이번에는 '하~ 음~'으로 소리에 공명을 내보낸다.
- **진동 감지**: '음~'하며 소리를 낼 때 가장 진동을 많이 느낄 수 있는 지점을 손으로 눌러본다. 이 지점에서 울림이 크다는 것을 느낄 수 있을 것이다.
- **편안한 톤 찾기**: 진동을 통해 편안한 톤을 찾으면, 본인에게 가장 잘 맞는 키톤, 즉 최적의 목소리를 찾을 수 있다.

(2) 발음 연습 스크립트·문장 읽기

기초 발음 연습을 통해 모음에 따른 입 모양을 정확하게 연출할 수 있다면, 이번에는 심화 학습을 통해 더 까다롭고 어려운 모음이 반복되는 연습 문장을 읽어보는 연습을 해보자.

발음 연습 문장

[기본문장]
간장공장공장장은 강공장장이고, 된장 공장 공장장은 공공장장이다.

[1단계]
간장공장공장장은 강공장장인데, 강공장장은 **어향가지** 요리를 좋아하고
된장공장공장장은 공공장장인데, 공공장장은 **마라샹궈** 요리를 좋아한다.

[2단계]
간장공장공장장은 강공장장인데, 강공장장은
어향가지 요리를 좋아하는 **대한관광공사 곽진관 관광과장**의 친구이고
된장공장공장장은 공공장장인데, 공공장장은
마라샹궈 요리를 좋아하는 **박 법학박사**의 친구이다.

[3단계]
간장공장공장장은 강공장장인데, 강공장장은
어향가지 요리와 **이과두주**를 좋아하는 **대한관광공사 곽진관 관광과장**의 친구이고
된장공장공장장은 공공장장인데, 공공장장은
마라샹궈 요리와 **토마토계란탕**을 좋아하는 **박 법학박사**의 친구이다.

(3) ㅅ과 th발음의 차이

① 혀짧은 소리와 th 발음 문제: 혀짧은 소리의 대표적인 사례로 꼽히는 'th' 발음 문제는 시옷(ㅅ) 발음뿐 아니라 특정 자음을 제대로 발음하지 못하는 경우가 많다. 이는 구강 구조의 조음점을 제대로 파악하지 못하기 때문이다.

② 조음점의 중요성: 자음 발음에서 혀와 입천장의 위치는 매우 중요하다. 특히 'ㅅ' 발음을 할 때 새는 소리가 나는 경우는 혀의 위치와 입천장의 위치가 맞지 않기 때문이다.

③ 'ㅅ' 발음 시 흔히 발생하는 실수와 개선 방법

혀끝이 이 바깥으로 나오는 경우(th 발음)	• 실수 원인: 혀끝이 입 바깥으로 나옴 • 개선 방법: 혀끝을 아랫니 뒤에 고정한 채로 발음하는 연습을 한다.
혀 전체가 입천장에 닿아버리는 경우 ('타' 소리)	• 실수 원인: 혀 전체가 입천장에 닿음 • 개선 방법: 혀의 정중앙 부분이 움푹 패인 모양으로 연출하여 혀의 양쪽 사이드만 입천장에 닿도록 연습한다.

조음점(그림 1)	혀의 양쪽 사이드(그림 2)
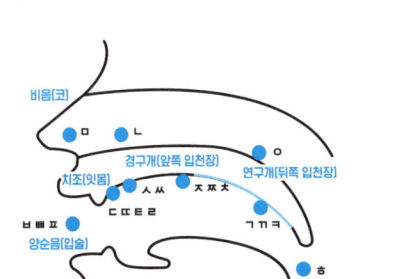	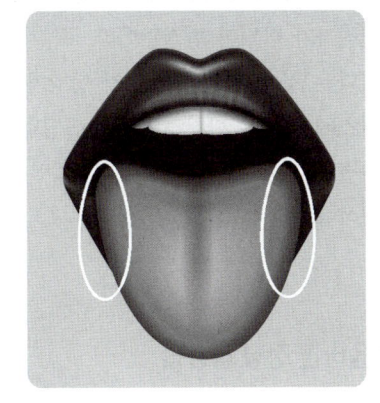

④ 조음점 및 연습법
- 그림 1에서는 혀와 입천장의 위치를 보여준다. 자음 발음에서는 혀의 위치가 중요하다.
- 그림 2에서는 혀의 양쪽 사이드가 입천장에 닿는 연습을 설명한다. 혀의 정중앙 부분을 움푹 패인 모양으로 연출하여 발음하는 연습이 필요하다.

02 신뢰를 주는 이미지 만들기

(1) 면접 복장은 어떻게 해야 하는가?

① 면접 복장에 대해 알고 면접 준비를 하자. '옷을 잘 입었는지?'에 대한 기준은 TPO에 따라 달라진다. TPO는 시간(Time), 장소(Place), 상황(Occasion)의 약자로, 각각의 상황에 맞는 적절한 복장을 의미한다. 따라서 옷을 '잘 입었다' '못 입었다'라고 평가하기보다는 '적합하다', '적합하지 않다'를 기준으로 평가하는 것이 맞다.

② 면접 복장은 말 그대로 '시간: 면접 시간' / '장소: 면접장, 대기실, 회사' / '상황: 면접, 인터뷰'에 적합한 의상을 뜻한다. 또 복장이 TPO에 적합한지를 평가하는 사람은 면접자가 아니라 면접관이다. 즉, 지원자의 기준이 아닌 면접관들의 기준에 맞춰야 한다는 것이다. 면접관, 인사 담당자들의 나이는 대체로 40~50대이며, 이들은 비즈니스에 걸맞은 단정하면서도 깔끔한, 튀지 않는 클래식한 복장을 선호한다. 따라서 면접 복장을 '정장'이라고 명시하는 경우에는 클래식하면서 바른 정장을 착용하는 것이 좋다.

(2) 올바른 정장 착용법

대부분의 공공기관들은 거의 정장이나 준정장을 선호한다. 기업이나 직무에 따라 특성이 다른 만큼 면접 복장은 해당 기업의 성향을 반영하기 때문이다. 정장은 재킷, 셔츠, 바지 또는 치마와 같은 쓰리피스 복장을 충족하는 경우를 일컬으며, 각 복장을 명확한 기준에 맞춰 착용하기만 하면 된다.

① 남성 정장 연출법
- **헤어스타일**: 검정색 헤어가 단정한 헤어스타일의 표준이나, 최근에는 다양한 색상의 헤어스타일도 많다. 갈색 헤어라도 단정해 보이는 정도의 명도와 채도면 충분하다. 머리 길이는 셔츠 깃에 닿지 않을 정도가 좋으며, 이마를 살짝 드러내는 스타일이 좋다.
- **정장 색상**: 남색이나 차콜, 검정색, 회색 정장이 무난하다. 남색이나 차콜 컬러가 가장 무난하고 깔끔하게 보인다. 중요한 것은 사이즈로, 재킷의 소매는 셔츠가 재킷 밖으로 1.5cm가량 나오는 것이 올바르며, 바지 길이는 구두 뒤축을 2분의 1가량 가리는 것이 보기 좋다.
- **셔츠**: 흰색 셔츠가 가장 깨끗해 보인다. 웜톤인 사람은 따뜻한 노란빛이 도는 흰 색상, 쿨톤인 사람은 파란빛이 도는 흰 색상이 잘 어울린다.
- **넥타이**: 신입사원의 신선함을 극대화할 수 있는 푸른 컬러를 권장한다. 장식이나 무늬가 많지 않은 디자인이 좋다.
- **구두**: 검정색이나 갈색이 무난하며, 양말은 검정색 정장용 양말을 착용한다.
- **시계**: 정장용 시계를 착용하는 것이 좋다. 고가의 브랜드나 패션 시계는 지양하고, 짙은색의 가죽 스트랩이나 깔끔한 스틸 시계를 추천한다. 또한 시계가 없다면 반드시 착용하지 않아도 된다.

② 여성 정장 연출법
- **헤어스타일과 메이크업**: 깔끔하고 단정하면서 개인의 장점을 잘 보여줄 수 있는 스타일이 좋다. 쪽머리보다는 단정히 하나로 묶은 포니 테일 헤어스타일을 권장한다. 앞머리가 있는 경우, 눈썹이 보일 정도로 넘겨주는 것이 좋다. 화려한 펄 감이 있는 제품은 지양하고, 기본적인 피부표현과 은은한 색조 화장, 또렷한 눈매 연출이 필요하다.
- **정장**: 공기업 면접 시 치마정장을 추천한다. 재킷이나 치마는 너무 딱 맞지 않게 여유 있게 착용하고, 치마 길이는 무릎 중간을 덮는 정도가 좋다. 블라우스는 흰색을 추천하며, 자신의 인상과 체형에 어울리고 단정한 것이 좋다. 스타킹은 살색이나 커피색상이 단정하며, 구두는 검정색으로 5~9cm 사이의 굽을 선택하는 것이 좋다.

- 액세서리: 화려하지 않은 아이템을 3개 이하로 착용하는 것이 깔끔하다. 목걸이를 착용했다면 귀걸이는 지양하고, 귀걸이를 착용했다면 목걸이는 지양하는 것이 좋다.

(3) 준정장 착용법

준정장은 정장에 준하는 복장으로, 소재만 달리하면 된다. 양복 소재의 재킷이 아닌 면 재킷, 면 바지(치마), 정장 구두가 아닌 편안한 로퍼 정도에 해당한다. 준정장이라고 명시하지만 정장을 입어도 무방하다. 셔츠만 다른 색상으로 입고 가고, 면접장에 도착했을 때 대부분의 지원자가 재킷까지 걸친 정장을 입었다면 재킷을 착용하고, 편안한 복장을 입었다면 재킷을 벗고 셔츠만 입고 면접을 봐도 무방하다.

① **남성 준정장**: 면 소재 재킷, 셔츠, 로퍼나 구두, 정장 바지
② **여성 준정장**: 면 소재 재킷, 셔츠나 블라우스, 원피스, 로퍼나 플랫, 단화, 정장 치마
③ **비즈니스 캐주얼 기준**: 비즈니스에 적합한 캐주얼 복장이다. 정장 소재를 제외한 면 소재, 나폴리 소재의 복장이 속한다. 재킷을 제외한 셔츠와 하의 정도로 차려입는 편이다. 청바지를 명시하는 경우에는 청바지를 입고, 위에는 단정한 블라우스나 셔츠를 입는다. 튀는 색상보다는 파스텔톤이나 차분한 톤의 색상을 선택하는 것이 좋다.

(4) 곧은 자세 연출법

면접에서 첫인상을 좌우하는 중요한 요소 중 하나는 바로 자세이다. 곧은 자세는 자신감과 신뢰를 전달할 수 있으며, 면접관에게 긍정적인 인상을 남긴다. 이 장에서는 곧은 자세를 연출하는 방법과 연습 방법에 대해 알아보자.

① **곧은 자세**: 곧은 자세란 머리부터 발끝까지 곧고 바른 자세를 유지하는 것을 의미한다. 이는 척추를 바르게 세우고, 어깨를 자연스럽게 펴며, 양발을 지면에 평행하게 놓는 것을 포함한다. 곧은 자세는 자신감과 신뢰감을 나타내는 중요한 요소로, 면접 시 반드시 신경 써야 한다.

② 척추를 바르게 세우기
- 의자에 앉을 때는 엉덩이를 의자 끝까지 밀어 넣고 앉는다.
- 허리를 펴고, 척추가 바르게 서도록 한다.
- 엉덩이와 허리를 의자에 붙여 척추가 곧게 펴지도록 유지한다.

③ 어깨 펴기
- 어깨를 자연스럽게 뒤로 젖혀 펴준다.
- 어깨를 너무 과하게 뒤로 젖히지 말고, 편안한 상태를 유지한다.
- 어깨를 펴는 동시에 가슴을 약간 내밀어 바른 자세를 연출한다.

④ 머리와 목의 위치
- 머리는 척추와 일직선을 이루도록 하고, 턱은 약간 당긴다.
- 목을 길게 세우는 느낌으로 자세를 유지한다.
- 시선은 정면을 바라보고, 면접관과 눈을 맞춘다.

⑤ 발의 위치
- 앉을 때 양발은 지면에 평행하게 놓고, 무릎은 90도로 구부린다.
- 양발은 너무 벌리거나 겹치지 않도록 한다.
- 발은 편안하게 지면에 닿도록 유지한다.

(5) 곧은 자세 연습 방법

① 벽에 기대어 서기
- 벽에 등을 대고 서서 머리, 어깨, 엉덩이, 발뒤꿈치를 벽에 붙인다.
- 이 상태에서 1분 동안 유지하며, 척추의 곧은 상태를 몸에 익힌다.
- 매일 반복하여 몸에 곧은 자세를 익숙하게 만든다.

② 앉은 상태에서 척추 세우기
- 의자에 앉아 허리를 펴고 척추를 세운다.
- 이 상태에서 5분 동안 유지하며, 허리가 굽지 않도록 신경 쓴다.
- 작업 중에도 주기적으로 척추를 세우는 연습을 한다.

③ 거울 앞에서 자세 점검하기
- 거울 앞에 서서 자신의 자세를 점검한다.
- 머리, 어깨, 허리, 발의 위치를 확인하고, 곧은 자세를 유지하도록 한다.
- 거울을 보면서 매일 자세를 교정하는 연습을 한다.

03 POWER 기법으로 답변 구성하기

(1) POWER 기법이란?

POWER 기법은 면접 답변을 구조화하는 데 유용한 방법 중 하나로, 문제 해결 과정에서 다양한 옵션을 고려하고, 구체적인 행동과 그 결과를 강조하는 방식이다. 이 기법은 지원자의 문제 해결 능력, 행동력, 결과 도출 능력을 명확히 드러내기 때문에 면접관에게 긍정적인 인상을 남길 수 있다.

(2) POWER 기법의 구성요소

Problem (문제)	• 정의: 직면한 문제나 과제, 상황을 명확하게 설명한다. • 포인트: 문제의 본질을 간결하고 명확하게 전달해야 한다. 문제가 왜 중요한지, 어떤 영향을 미치는지 설명하면 좋다.
Options (옵션)	• 정의: 문제를 해결하기 위해 고려했던 다양한 대안이나 접근 방식을 설명한다. • 포인트: 가능한 여러 옵션을 제시하고, 각각의 장·단점을 간략하게 언급한다.
What you did (행동)	• 정의: 선택한 옵션 중 실제로 실행한 행동을 구체적으로 설명한다. • 포인트: 구체적이고 명확하게 행동을 기술해야 한다. 어떤 이유로 그 옵션을 선택했는지, 어떤 단계를 거쳐 실행했는지 설명한다.
Evidence (증거)	• 정의: 실행한 행동의 결과를 입증하는 구체적인 증거를 제시한다. • 포인트: 정량적 데이터나 정성적 피드백 등 구체적인 증거를 제시해야 한다. 이로써 행동의 효과와 성과를 명확히 입증할 수 있다.
Result (결과)	• 정의: 최종 결과와 그로 인해 발생한 긍정적인 영향을 설명한다. • 포인트: 결과가 문제 해결에 어떻게 기여했는지, 어떤 성과를 거두었는지 구체적으로 설명한다. 가능한 한 측정 가능한 성과를 언급하는 것이 좋다.

(3) POWER 기법의 사례

면접 질문: 살면서 가장 큰 위기를 겪고 극복했던 경험을 말해보세요.

Problem (문제)	"문제는 대학 시절, 중요한 프로젝트에서 발생했습니다. 당시 우리는 팀원이 갑자기 프로젝트에서 빠지면서 인력 부족 문제를 겪었습니다."
Options (옵션)	"문제를 해결하기 위해 세 가지의 선택지가 있었습니다. 첫 번째는 남은 팀원들이 각자 업무를 나누어 진행하는 것이었고, 두 번째는 다른 팀에서 인력을 지원받는 것이었으며, 마지막은 프로젝트 일정을 연기하는 것이었습니다."
What you did (행동)	"저는 다른 팀에서 인력을 지원받는 것을 선택했습니다. 다른 팀의 도움을 받아 부족한 인력을 채웠고, 팀원들과 협력하여 프로젝트를 완료했습니다."
Evidence (증거)	"이 과정에서 프로젝트는 제시간에 완성되었고, 높은 평가를 받았습니다."
Result (결과)	"최종 결과로 프로젝트는 성공적으로 마무리되었고, 팀의 협력과 문제 해결 능력을 인정받았습니다."

(4) POWER 기법으로 작성하는 방법

단계	설명	작성 가이드
Problem (문제)	직면한 문제나 과제, 상황을 명확하게 설명한다. 문제가 왜 중요한지, 어떤 영향을 미치는지 설명한다.	• 상황 설명: 언제, 어디서, 어떤 상황에서 문제가 발생했는지 서술한다. • 문제의 중요성: 문제가 중요한 이유를 설명한다.
Options (옵션)	문제를 해결하기 위해 고려했던 다양한 대안이나 접근 방식을 설명한다.	• 고려한 옵션들: 문제 해결을 위해 생각했던 다양한 옵션을 나열한다. • 각 옵션의 장·단점: 각 옵션의 장·단점을 간략히 설명한다.

What you did (행동)	선택한 옵션 중 실제로 실행한 행동을 구체적으로 설명한다. 어떤 이유로 그 옵션을 선택했는지, 어떤 단계를 거쳐 실행했는지 설명한다.	• 선택한 옵션: 선택한 옵션을 명확히 한다. • 구체적 행동: 실제로 취한 행동을 구체적으로 설명한다.
Evidence (증거)	실행한 행동의 결과를 입증하는 구체적인 증거를 제시한다.	• 구체적 증거: 결과를 입증할 수 있는 구체적인 증거를 제시한다.
Result (결과)	최종 결과와 그로 인해 발생한 긍정적인 영향을 설명한다. 결과가 문제 해결에 어떻게 기여했는지, 어떤 성과를 거두었는지 구체적으로 설명한다.	• 최종 결과: 최종 결과를 설명한다. • 긍정적 영향: 결과가 가져온 긍정적인 영향을 설명한다.

(5) POWER 기법 작성 템플릿

면접 준비는 체계적이고 명확한 답변을 구성하는 것이 중요하다. 이를 위해 POWER 기법을 활용하면 효과적이다. 한 번 더 강조하면 POWER 기법은 Problem(문제), Options(옵션), What you did(행동), Evidence(증거), Result(결과)의 다섯 가지 요소로 구성되어 있다. 이 기법을 통해 문제를 인식하고, 다양한 해결책을 모색하며, 구체적인 행동을 취하고, 그 행동의 증거를 제시하여, 최종적으로 어떤 성과를 이루었는지를 명확하게 설명할 수 있다.

이제 각 단계별로 자세히 설명하고, 이 책을 활용하는 독자들이 따라 쓸 수 있는 템플릿을 통해 자신의 경험을 체계적으로 정리해 보자.

단계	템플릿
Problem (문제)	• 문제는 [언제], [어디서] 발생했습니다. • 당시 [상황 설명] • 이 문제는 [문제의 중요성 설명]
Options (옵션)	• 문제를 해결하기 위해 [옵션 1], [옵션 2], [옵션 3]을 고려했습니다. • [옵션 1]: [장점], [단점] • [옵션 2]: [장점], [단점] • [옵션 3]: [장점], [단점]
What you did (행동)	• 저는 [선택한 옵션]을 선택했습니다. • 그 이유는 [이유 설명] • 이를 위해 [구체적 행동 설명]
Evidence (증거)	• 이 행동의 결과로 [구체적 증거 설명] • 이를 통해 [성과 설명]
Result (결과)	• 최종 결과는 [최종 결과 설명] • 이를 통해 [긍정적 영향 설명]

잘 나오는 면접 기출 질문 5가지

Q. 살면서 가장 큰 위기를 겪고 극복했던 경험을 말해보세요.

Q. 다른 사람들과 함께 일을 했던 경험에 대해 설명하고, 팀워크 형성과 협업을 이루기 위해 어떤 노력을 했는지 말해보세요.

Q. 중요한 일을 처리할 때 어떤 방식으로 계획을 세워 일을 처리했는지 개인적 경험을 기반으로 설명해 보세요.

Q. 어떠한 일을 진행할 때 원칙 준수와 일의 효율성 사이에서 갈등했던 경험에 대해 말해보세요. 또한, 갈등을 해결하기 위해 어떤 노력을 했는지 설명해 보세요.

Q. 본인이 윤리적인 사람임을 나타낼 수 있는 경험을 말해보세요.

04 인성면접: 대표 질문&모범 답변 10

(1) 1분 자기소개

① 자기소개는 일반적으로 1분을 많이 요구하나, 20초나 30초로 짧게 하라고 하기도 한다. 지원동기를 포함시켜 자기소개를 하라는 식의 변형된 형식이 제시되는 경우도 있다.
② NCS 전형의 자기소개에서 직무 역량은 어떠한 경우에도 필요한 구성요소이다. 따라서 "자신의 직무 역량을 말해 보세요."라는 질문에 대한 답변부터 정리해 본다.
③ 직무 역량을 끌어낸 가치관이나 태도가 있다면 별도로 정리한다. 없으면 직무 역량 중심으로 구성한다. 이때 POWER 기법을 활용한다면 논리적이고 체계적인 구성을 할 수 있다.
④ 첫 문장으로 가치관을 제시하거나, 직무 역량을 포괄하는 내용을 제시한다. 마지막에는 의지를 보여주거나 포부를 밝혀 여운을 남긴다.
⑤ 자기소개는 면접의 도입부에 하기 때문에 지원자의 이미지를 결정짓는 데 영향을 끼친다. 따라서 면접관을 보면서 자신감 있게 말하는 연습이 필요하다. 강조할 부분은 힘차게, 단락을 나눠서 끊어서 말하는 것이 좋다.

합격생 사례

한국전력공사	안녕하십니까. 미래 전력망을 운영하기 위해 탄탄하게 준비해 온 00번 지원자입니다. • P: 저는 전력산업의 새 시대를 위해 지금의 전력망에 4차 산업기술을 융합해야 한다고 생각합니다. • O: 이 목표를 달성하기 위해 송·변전 직무 관련 역량 강화에 그치지 않고, 인공지능, 머신러닝, 딥러닝, 그리고 빅데이터 등 다양한 기술을 학습하는 방안을 선택했습니다. • W: 인공지능을 공부하며 머신러닝과 딥러닝에 관한 이해를 얻었고, 빅데이터를 공부하며 데이터 수집 및 활용 능력을 길렀습니다. 또한, GPS 정보를 활용해 로봇이 사용자만을 따라오는 '따라오는 로봇'을 직접 설계하고 제작하는 경험을 통해 4차 산업 관련 역량을 강화했습니다. • E: 인공지능을 공부하며 머신러닝과 딥러닝에 관한 이해를 얻었고, 빅데이터를 공부하며 데이터 수집 및 활용 능력을 길렀습니다. 또한, GPS 정보를 활용해 로봇이 사용자만을 따라오는 '따라오는 로봇'을 직접 설계하고 제작하는 경험을 통해 4차 산업 관련 역량을 강화했습니다. • R: 저의 이러한 역량을 바탕으로 한국전력공사의 송·변전 사업과 스마트그리드 사업이 미래 사업을 선점하고 안정적으로 운영될 수 있도록 최선을 다하겠습니다. 감사합니다.
한국전력공사 (30초)	• P: 전력망의 현재와 미래를 책임질 수 있는 전문성이 필요합니다. • O: 이를 위해 전기전자 전공, 관련 자격증 취득, 연구실 경험, 인턴직 경험, 공기업 전기직 경험 등 다양한 방법으로 전문성을 강화하는 방안을 선택했습니다. • W: 전기전자를 전공하고 전기기사, 전기공사기사를 취득해 기초를 다졌습니다. 신호처리 연구실에 들어가 IT지식을 쌓았으며, 한국전력공사 인턴직과 공기업 전기직을 통해 실무역량도 갖췄습니다. • E: 이러한 학업, 자격증, 연구실 경험, 인턴직 및 실무경험을 통해 전력망의 현재와 미래를 책임질 수 있는 전문성을 기르게 되었습니다. • R: 이러한 역량을 토대로 한국전력공사의 디지털 전환에 기여하겠습니다. 감사합니다.

건강보험공단	안녕하십니까? 건강보험업무이해능력을 기반으로 국민건강보험공단 행정직에 지원한 79번입니다. • P: 의료 관련 업무와 행정 관련 업무를 동시에 경험할 수 있는 기회가 부족하다는 문제가 있었습니다. • O: 병원 선별진료소와 병동에서 근무하면서 의료 관련 업무와 행정 관련 업무를 동시에 경험할 수 있는 방안을 선택했습니다. • W: 병원 선별진료소와 병동에서 근무하면서 건강보험업무이해능력과 의사소통능력, 문서 작성 능력을 키웠습니다. 또한, 통계조사업무역량을 습득하기 위해 보건통계학 강의를 수강하고, 병원 환자 만족도 조사 아르바이트를 통해 설문을 실시하고 정보를 기호화하여 지원하는 업무를 했습니다. • E: 이러한 경험을 통해 건강보험업무이해능력, 의사소통능력, 문서 작성 능력, 통계조사 능력을 키웠습니다. • R: 국민건강보험공단에서 고객 응대 업무와 고객 관리 업무에 있어서 강점을 보일 수 있을 것이라 생각합니다. 감사합니다.
한국철도공사	안녕하십니까? 고객만족을 위해 끊임없이 노력하는 지원자 0번입니다. • P: 코로나19 발생 초기, 행정복지센터에서 인턴 업무를 수행할 때 코로나19 지원금 지급 기준 등 관련 문의가 반복되어 업무가 지연되는 문제가 있었습니다. • O: 고객의 문의를 빠르고 정확하게 해결할 수 있도록 주도적으로 업무 매뉴얼을 만드는 방안을 선택했습니다. • W: 코로나19 발생 초기, 행정복지센터에서 인턴 업무를 수행하면서 주도적으로 업무 매뉴얼을 만들어 고객의 문의를 빠르고 정확하게 해결할 수 있게 했습니다. 이를 통해 고객만족의 중요성을 깨달았고, 이후에도 경영학 과목을 수강하여 경영학적 이론지식을 쌓았으며, 공공기관 현장실습생 업무를 통해 고객 만족을 위해 필요한 직무 수행 태도를 갖추었습니다. • E: 업무 매뉴얼 작성 경험, 경영학 과목 수강, 공공기관 현장실습생 업무를 통해 고객 만족을 위한 역량을 길렀습니다. • R: 앞으로 이러한 역량을 바탕으로 고객 서비스의 최전선에서 고객만족을 위해 노력하는 직원이 되겠습니다. 감사합니다.

(2) 지원동기

① 지원기업이 훌륭한 이유를 물어보는 게 아니라, 직업의 의미와 왜 이 기업에서 일해야 하는지, 즉 직업관에 대해 평가하는 질문이다.
② 자신의 직업관부터 정리하고, 지원기업의 역할과 경영철학을 연결해야 자연스럽게 이어진다. 지원기업에서 일해야 할 이유를 찾으려고 하다 보면 해당 기업이 훌륭한 이유에 머물게 된다.
③ 솔직함을 살짝 가미하는 것은 괜찮지만 억지로 서사를 만들려고 하면 더 어색해진다.

합격생 사례

한국전력공사	한국전력공사는 안정적인 전력 공급을 통해 국민경제에 이바지하는 자랑스러운 기업입니다. 한국전력공사의 일원으로서 사고 예방에 힘써 안정성을 향상하는 업무를 수행하며 자부심을 갖고 일하고 싶어 한국전력공사에 지원했습니다. 군 생활 중 폭설로 인한 정전이 발생해 전기의 소중함과 중요성을 깊이 느꼈습니다. 더불어 폭설에도 빠른 복구를 위해 수리하러 온 직원들에게 큰 감사함을 느꼈고 이 과정이 매우 중요하다는 것을 느꼈습니다. 이를 기반으로 전기 실험 과목에서 항상 체계적이고 주의를 기울여 사고가 발생하지 않도록 점검하는 습관을 길렀습니다. 이러한 역량을 바탕으로, 안정적으로 고객에게 전력을 공급한다면 고객은 전기를 사용함에 불편함을 느끼지 않고 이를 통해 자부심을 얻으며 일을 할 수 있을 것 같아 한국전력공사에 송·변전 직무에 지원하였습니다.
한국서부발전	저는 직장을 선택할 때 그 회사가 사회에 기여하는 정도와 발전 가능성을 가장 중요한 요소로 보고 있습니다. 서부발전은 현재 세계적인 이슈로 주목받고 있는 미세먼지를 4년간 가장 많이 감축함으로써 기후 환경을 개선하고, 공익 측면에서도 크게 기여하는 것으로 알고 있습니다. 또한 해양 바이오 수소 생산기술 개발을 하는 등 기술 개발을 통해 끊임없이 발전하려는 것을 느낄 수 있었습니다. 끊임없는 기술 개발을 통해 사회적으로·공익적으로 큰 기여를 하고 있는 서부발전과 함께 자신의 역량도 같이 키우고 싶어 지원하게 되었습니다.
한국환경공단	저는 우리 삶의 미래가 환경에 달려 있으며, 저 자신을 사랑하고 제 주변, 더 넓게 국민을 행복하게 만들기 위한 열정으로 지원하게 되었습니다. 책임감과 열정이 있었지만, 몸이 따라주지 못해 장애가 있는 저를 탓했었습니다. 그러다 '자기 앞의 생'이라는 책을 읽고 새로운 저의 가치관이 생겼습니다. 제가 저 자신을 사랑하면 제 주변이 행복해진다는 것입니다. 한국환경공단은 전문적인 환경 서비스를 제공하는 공공기관입니다. 실생활에서 적용할 수 있는 환경 서비스를 기획하고 글로벌 환경 전문기관인 한국환경공단에 입사하여 자신을 사랑하는 만큼 국민 건강을 위해 예방하고 생활환경 보전에 이바지하기 위해 지원하게 되었습니다.

(3) 입사 후 포부

① 어떤 마음가짐을 갖고 일할 것인가를 물어보는 문항이 아니라 어떤 계획과 준비를 해 왔는가를 평가하는 문항이다.
② 구체적인 목표와 계획을 제시하고, 그 근거가 될 수 있는 역량과 경험을 제시해야 한다.
③ 지원기업과 관련된 계획이나 개인적인 자기 계발에 관한 계획을 체계적으로 정리한다.

합격생 사례

서울교통공사	저는 입사 후 고객서비스 만족도 1위를 목표로 삼겠습니다. 서울교통공사의 최근 3년간 경영실적을 보면 행안부 고객만족도 조사에서 2020년에 85점, 2021년에 84점, 2022년에는 83점으로 점점 하락하고 있는 추세입니다. 더 나은 서비스를 위한 고객만족도 제고라는 경영 목표를 이루기 위해 단기적으로는 역직원으로 근무하면서 평균 이하의 점수를 받은 고객 의견 해결 절차, 직원 친절도 그리고 문제의 신속한 해결 등의 항목들을 개선해 나가겠습니다. 장기적으로는 역사 내 편의 시설 개선, 교통약자 편의 등의 시민 중심 편의 서비스 제공 등을 통해 고객서비스 만족도 1위를 할 수 있도록 노력할 것입니다.
한국전력공사	한국전력공사의 송·변전 운영에서 사고 발생 ZERO에 기여하겠습니다. 이를 위해 먼저 실무 능력 향상에 최선을 다하겠습니다. 한국전력공사에서 사용하는 설비들을 빠르게 파악하고 선배들의 업무 노하우를 빠르게 체득하여 숙련된 실무자로 거듭나는 것을 최우선 목표로 공부하겠습니다. 다음으로 신기술 관련 역량을 계속해서 강화하겠습니다. 변화하는 환경에 직면한 전력망을 발전시키기 위해 항상 신기술 관련 역량을 강화해 앞으로도 안전사고가 발생하지 않도록 최선을 다하겠습니다.
장애인고용공단	장애 유형별 맞춤형 서비스를 제공하고 평생교육 체계를 구축하겠습니다. 4차 산업혁명 이후 직무 표준화에서 벗어나 자유로운 융복합 체계로 발달하게 되면서 기초처럼 직무 수행에 요구되는 기본 단위 숙련뿐만 아니라 사업장 내에서 스스로 대응할 수 있는 체계를 잡는 것이 필요합니다. 앞으로 이런 역량 개발을 통해 고용유지와 고용률 제고에 기여가 가능할 것입니다.

(4) 성격의 장·단점

① 자신에 대해 성찰과 반성을 하고 있는지를 통해 지원자의 인성을 평가하는 문항이다.
② 좋은 성격이나 장점으로 발전된 단점 같은 모범답안을 말하면 오히려 자신을 드러내지 않는 것으로 비춰질 수 있다.
③ 주변에 친한 지인들을 대상으로 자신에 대해 물어봐서 객관화하고 근거를 찾아 논리적으로 구성해야 설득력 있는 답변을 할 수 있다.

합격생 사례

한국전력공사	제 성격의 장점은 스트레스에 강하는 것입니다. 스트레스를 받는다면 이유를 분석하고 해소하고자 방안을 모색합니다. 이를 통해 불필요한 감정의 개입을 배제하기에 스트레스 해소 능력이 좋다고 생각합니다. 제 성격의 단점은 융통성이 부족한 점입니다. 항상 규정과 원칙을 중시하다 보니 편의성을 중시하는 사람들의 의견을 충분히 수용하지 못할 때가 있습니다. 가끔 문제가 될 때가 있어 이를 극복하고자 규정을 지키는 선에서 융통성을 발휘하려고 노력하고 있습니다.
건강보험공단	네, 저의 장점은 도전정신입니다. 기회가 왔을 때 주저하지 않고 도전하며 성장해 왔습니다. 실제로 대학교에서 평창올림픽을 위한 보안요원을 구하는 공지를 보고 평창올림픽을 가까이 보고, 평창올림픽의 성공적인 진행을 지원하고 싶어 지원하였습니다. 저의 단점은 조급함입니다. 제가 남에게 인정받고 싶은 욕구가 많아 일을 조급하게 시작하는 경향이 있습니다. 그래서 여러 가지 경우를 고려하며 신중하게 결정해야 할 일에 대해서 시야가 좁아 미처 고려하지 못하고 지나가는 부분이 있습니다. 이러한 저의 성격은 앞으로 일을 할 때 주의해야 할 부분이라고 생각합니다. 그래서 이러한 점을 보완하기 위해 일의 전체적인 큰 그림과 프로세스를 다시 한번 짚어보고 주위 사람들에게 의견을 물어보며 신중하게 결정하려고 노력합니다.
한국철도공사	장점은 발전을 위해 끊임없이 노력하는 자세입니다. 발전하는 모습을 보임으로써 스스로의 가치를 증명하고 타인과 주변 환경에 기여할 수 있다고 생각합니다. 이를 바탕으로 공공기관 현장실습 당시 업무방식을 개선을 통해 업무정확도와 효율성을 끌어올린 경험이 있습니다. 단점은 고집이 강할 때가 있다는 것입니다. 가끔 제가 옳다고 판단되면 상대방을 계속해서 설득하려고 하는 경우가 있습니다. 이를 통해 성공적인 결과를 얻을 때도 있지만 지나치게 매몰되어 타인의 의견을 받아들이지 못할 때도 있습니다. 이를 극복하기 위해 타인의 의견을 경청하고 스스로를 의심하는 습관을 들이고 있습니다.

(5) 리더십 경험

① 리더를 해본 경험을 확인하기 위한 질문이 아니라 지원자가 리더십을 갖추고 있는지 평가하는 질문이다.
② 리더십을 발휘한 경험을 제시할 때는 리더십에 대한 개념, 자신의 리더십을 제시해야 한다. 이를 토대로 한 경험이라면 꼭 리더를 한 것이 아니라도 리더십을 어필할 수 있다.
③ 경험을 통해 리더십을 배웠다고 하면 막연해서 경험 나열에 머물게 된다. 리더십을 잘 모를 때는 리더십에 대한 조사부터 시작해야 한다.

합격생 사례

리더십을 발휘한 경험이 있는가?	네, 있습니다. 저는 조직의 목표 달성을 위해 조직원들을 올바른 방향으로 이끌고 동기를 부여하는 것이 리더십이라 생각합니다. 대학교 3학년 때 창의적 종합 설계 프로젝트에서 갈피를 못 잡은 조원들을 위해 대학에서 배운 이론과 역량을 바탕으로 설계할 수 있는 '따라오는 로봇'을 제시했습니다. 더불어 프로젝트 과정을 세분화한 후 조원들 개개인에게 각자 자신 있는 분야와 없는 분야를 물어봐 임무를 분담해 동기 부여를 했습니다. 그 결과 조원들은 자신들의 역량을 십분 발휘해 예상보다 빠르게 따라오는 로봇을 제작해 우수한 성적을 거뒀습니다.
리더십에서 중요한 것이 무엇이라 생각하나?	팀원들에게 동기를 부여하는 것입니다. 팀원들이 조직의 목표와 자신의 목표가 일치하도록, 그리고 달성 과정에 필요한 자원들을 제공하며 돕는 변혁적 리더십이 효과적이라 생각합니다. 조직과 개인의 목표가 일치할 때, 조직의 일에 몰입할 동기가 생겨 더 좋은 결과를 낼 수 있기 때문입니다. 실례로, ○○○○에서 AI 라벨링 아르바이트를 하며 변혁적 리더십을 통해 2배 이상의 산출물을 내는 것을 본 적이 있습니다. 저희가 하던 일은 정보도 부족하고, 단순 반복의 다소 지루해 회의감을 느낄 때도 많았습니다. 그때마다 담당 PM이었던 수석 분이 리타임을 하면서 프로젝트가 어떤 방향으로 진행되고 있는지, 그리고 저희의 일이 전체 프로젝트에서 어떤 중요성을 가지는지 상기시켜 주시곤 했습니다. 그런 덕분에 예상치보다 평균 2배 이상의 실적을 내 연장 제의를 받았습니다.

리더십 역량의 본질이 무엇인지, 그와 관련된 경험은?	제가 생각하는 리더십 역량의 본질은 팀원의 다양성에 주목하는 것입니다. 이렇게 생각하는 이유는 팀원들이 각자 역량이 다르고 강점인 분야가 다르기 때문에 해당하는 역량을 파악하고 이를 토대로 각자의 롤을 부여하는 것이 팀 전체에 긍정적인 영향을 미친다고 생각하기 때문입니다. 학부 3학년 시절 데이터베이스 과목을 수강하면서 수행했던 '중고차관리 시스템 구축'이라는 프로젝트를 경험하면서 저의 리더로서의 역량을 키웠습니다. 해당하는 프로젝트를 진행하면서 팀원들 각각에 목표를 위해 선정한 언어에 갈등 및 차이가 있었고 이러한 문제점을 인식한 저는 해당하는 문제를 해결하기 위해 팀원들과 지속적인 미팅을 통해 의견을 공유하였고 이를 통해 이전 학기에 모두 수강한 Java 언어를 이용한 GUI 구축이라는 결론까지 냈습니다. 이러한 결론을 통해 팀원들 모두 참여할 수 있었고 이를 통해 성공적으로 프로젝트를 마무리하였습니다.

(6) 갈등 해결 경험

① 갈등의 개념, 해결 방법을 제시하고, 이를 토대로 성과를 낸 경험을 설명한다.
② 경험에서 갈등 해결의 중요성을 배웠다고만 하면 역량이 제대로 어필될 수 없다. 구체적인 방법을 설명할 수 없을 때는 갈등 해결 방법에 대해 조사해서 보강해야 한다.
③ 특별한 경험이나 성과를 찾다 보면 답변을 작성할 수 없다. 일상적인 경험이라도 갈등 해결 방법을 잘 어필하면 충분하다.

합격생 사례

갈등을 해결한 경험이 있는가?	조직 구성원의 갈등 해결의 첫 단추는 '공동의 목표' 재확인이라고 생각합니다. 왜냐하면, '공동의 목표'를 서로 재확인하면, 목표를 어떻게 도달하느냐에 따른 '방식'의 차이임을 알 수 있기 때문입니다. 대학교 4학년 당시, 다큐멘터리 과제 제작 과정 중 팀원과 의견 마찰이 있었는데, '청년 소상공인'이란 공동의 목표를 재확인 후 서로의 방법의 차이를 인식했습니다. 이후, 도달하고자 하는 방법을 놓고 객관적으로 판단하려 노력했으며, 더 현실적으로 나은 대안을 선택하여 제작을 무사히 마칠 수 있었습니다.
갈등을 극복한 경험을 말하라.	서로의 진솔한 대화로써 이야기를 경청하며, 동시에 팀의 공동목표를 강조하면 어떠한 갈등도 해결할 수 있습니다. 대학교 4학년 때 졸업작품 주제를 선정하는 과정에서 조원들 간 의견 대립이 있었습니다. 조원들은 본인들이 진출할 분야와 관련된 주제를 선정하고 싶어 했습니다. 그러나 그 진로들이 달라 의견의 일치를 보지 못했습니다. 조장이었던 저는 평가 배점이 가장 높았던 실제 구현 여부를 조원들에게 상기시켰고, 직무와 관련된 주제 선정보다는 구성원들의 능력에 맞게 주제를 선정하자고 설득했습니다. '작품의 실제 구현 여부'를 공동의 목표로 하고, 설계가 진행되는 동안 있었던 의견 차이도 공동의 목표를 이루기 위해 필요한 것이라고 봤고 계속해서 대화하고 의견 차이를 좁혔습니다. 그 결과 목표한 대로 졸업 작품을 만들 수 있었습니다.
친구와 갈등을 어떻게 극복했나?	갈등 극복은 공동의 목표를 숙지한 상태에서 서로의 의견을 경청하고 조율하는 소통의 과정을 거쳐 해결할 수 있습니다. 갈등 해결에서는 특히 기본에 충실하는 것이 우선이라는 것을 배웠습니다. 대학교 4학년 졸업작품을 만들며 이 사실을 깨달았습니다. 친구들과 졸업작품을 위한 팀을 구성했지만, 주제 선정과 관련해서 갈등이 있었습니다. 조원들은 졸업작품을 통해 취업을 희망하는 기업에 직무 연관성을 강조하고자 하여 의견의 합의를 보지 못하고 갈등은 깊어졌습니다.

(7) 실패 및 고난 극복 경험

① 실패나 고난이 얼마나 힘들었는가 하소연하지 말고 극복 의지나 극복 방법을 제시해야 한다.
② 경험에서 극복 방법을 끌어내기 힘들면 가치관이나 방법을 별도로 조사해서 정리하고 그에 맞는 경험을 근거로 설득한다.
③ 특별한 경험으로 어필하려고 하지 말고 전후 차이를 비교할 수 있는 적당한 경험으로 역량을 어필한다.

합격생 사례

살면서 실패했던 사례는?	살아오면서 크고 작은 실패를 겪었습니다만, 저는 공무원 시험에 응시하다 낙방한 적이 있습니다. 실패한 원인으로는 여러 가지가 있겠지만, 대표적인 원인 하나만 꼽아보자면 '자기 객관화와 자기관리의 실패'였습니다. 자기 자신의 위치를 이해하지 못하여 적절한 목표를 설정하지 못하였고, 자기 자신의 행동을 관리하지 못했습니다. 이 과정에서 부족한 점을 뼈저리게 느꼈고, 이를 반복하지 않기 위해 지금도 노력하고 있습니다. 이제는 제 강점과 약점을 파악하고, 모든 행동의 기초인 비전과 목적을 설정하는 과정을 통해서 해야 할 역할들을 수행하고, 일의 경중을 따져 판단함으로써 행동에 임하고 있습니다.
인생에서 가장 큰 실패는?	실패를 통해 반성할 수 있고 노력을 통해 극복하면 오히려 제 자신에 대한 확신을 가질 수 있습니다. 제 인생에서 가장 큰 실패는 대학교 1학년 시절 S/W 역량 평가에서 낙방한 경험입니다. 이후 저의 전공에 대한 생각과 공부 방법에 대해 다시 생각을 하였습니다. 이러한 생각을 거치면서 문제점을 찾는 과정에서 해당하는 포인트에 대한 이해가 부족하다는 것을 알고 이를 개선하고자 계절학기를 수강하였습니다. 해당 개념을 빈틈없이 공부함과 동시에 주어지는 문제 및 시중에 출판된 도서를 통해 하루 14시간씩 코딩을 하며 S/W 역량을 쌓아갔고 해당하는 과목을 성공적으로 마무리 지음으로써 심화과목인 자료구조와 알고리즘 및 차후에 진행되는 프로젝트의 자신감의 밑거름이 되었던 좋은 계기였습니다.

도전했는데 실패한 경험은?	지난 상반기, 저의 도전 실패를 내면으로, 외면으로 스스로 돌이켜보는 성찰을 했습니다. 지난 면접에서 최종 탈락을 하고 제 부족함을 개선하고자 인사처에 이유를 여쭤봤습니다. 낮은 필기성적뿐만 아니라 면접점수도 부족했습니다. 지난번의 저보다 더 발전하기 위해 정보처리기능사 필기, 실기, 전산회계운용사 필기, 측량 및 지형정보공간기사 필기를 취득했습니다. 또 상심하여 시간이 너무 더디게 흐르는 것 같아 아르바이트를 하며 바쁘게 일하고, 공부하며 지냈습니다. 독서실도, 핸드폰 요금, 책 비용도 제가 지불해서 공부하며 자격증 취득의 성취감과 함께 추진력을 얻었습니다. 또 솔직하고 진솔한 모습을 보여드릴 수 있는 면접이 되기 위해 있는 그대로 말씀드리고 있습니다. 어제보다 나은 오늘을 보내며 조금씩이라도 성장할 수 있는 사람이 되겠습니다.

(8) 취미

① 어떤 취미인가가 중요한 게 아니라 취미를 통해 자기관리를 얼마나 잘하는지가 중요하다.
② 실제 취미를 통해서 얻는 점을 명확히 제시해야 한다. 그게 어려울 때는 해당 취미를 오랫동안 해온 사람들의 후기를 참고한다.

합격생 사례

취미가 무엇인가?	저는 런닝을 좋아합니다. 일주일의 세 번씩 새벽 6시에 30분 런닝을 꾸준히 하고 있습니다. 런닝을 하면, 그동안 받았던 잡념과 스트레스가 사라지고, 다시 하루를 능동적으로 살 수 있는 에너지를 얻습니다. 런닝을 통해 스트레스를 조절할 수 있어, 심적으로 안정적이며, 건강한 제 자신에 자신감을 얻게 되어 원만한 대인관계 유지가 수월해졌습니다.
요즘 빠져 있는 것은?	최근에는 운동, 캠핑, 여행, 공연 관람 등 다양한 취미를 만들고 경험해 보는 것에 빠져 있습니다. 일을 하다 보면 스트레스를 받는 상황이 분명 올 수 있다고 생각합니다. 따라서 저는 일에서 얻는 보람과 행복 이외에도 스스로 즐겁고 스트레스받는 상황에서 일상으로 회복할 수 있는 에너지를 기르기 위해 취미를 개발하는 것이 중요하다고 생각합니다.
스트레스 관리 방법은?	취미활동으로 사이클을 하고 있습니다. 자전거를 타면서 몸의 근육 하나하나에 집중하다 보면, 스트레스가 해소되면서 고민거리가 해결되기도 합니다. 집 근처에 자전거 도로가 강을 따라 잘 만들어져 있습니다. 매일 못 타더라도 일주일에 세 번은 집 근처에서 1시간 정도 자전거를 타고 있습니다.

(9) 존경하는 인물

① 누구를 존경하느냐가 중요한 게 아니라 해당 인물의 어떤 점을 배우고 따를 것인가가 중요하다.
② 해당 인물이 얼마나 훌륭한가에 집중하면 자신과 먼 답변이 될 수 있다. 롤 모델로 현재와 미래에 배우고 실천할 점을 말해야 한다.
③ 배울 점은 많을수록 설득력이 떨어지니 가능하면 하나 혹은 최대 둘까지만 제시한다.

합격생 사례

존경하는 인물이 누구인가?	김연아 선수를 존경하는 이유는 위대한 결과가 아니라 꾸준한 노력 때문입니다. 선수로서 세계 최고의 자리에 올랐다는 결과뿐만 아니라 자신의 분야에서 빛을 발할 수 있을 때까지 노력해 온 과정이 멋지다고 생각합니다. 자기 분야 이외에도 기부라든지 국가를 위해서 힘쓰고 평창 동계올림픽 유치라는 결과도 만들어냈습니다. 자신의 분야에서 최고의 성과를 내는 인물은 많지만 아무래도 저와 비슷한 또래이기 때문에 더 멋지고 대단하다고 생각하여 제 롤 모델로 삼고 있습니다.
존경하는 인물은?	저는 어떤 상황에도 인내하며 목표를 이루고자 하는 태도를 가지고 있습니다. 그런 점에서 제가 가장 존경하는 분은 아버지입니다. 부도로 인해 집안이 힘들었던 적이 있습니다. 아버지는 그런 상황에서도 가족의 안정이라는 상황을 인내하며 목표를 향해 꿋꿋이 나아가셨고 이를 이루셨습니다. 아버지의 모습은 참을성이 없던 저에게 인내라는 것을 처음 알려주셨고 목표를 향해 꾸준히 나아가는 삶의 자세를 알려주셨습니다.
롤 모델은 누구인가?	독립운동가 우당 이회영 선생입니다. 우당 선생은 진정한 노블리스 오블리제를 실천하신 분입니다. 일제 강점기 때, 전 재산을 바쳐서 우리나라 독립에 힘쓰셨습니다. 우당 선생처럼 전 재산은 못 바치지만 제 역량을 중소기업진흥공단에 다 바쳐서 중소기업, 창업기업 성장에 기여하고 싶습니다.
자신의 인생에 가장 영향을 끼친 사람을 말하고, 그 이유를 말해보시오.	저는 저희 부모님입니다. 저희 부모님은 저에게 스스로 제 자신을 돌아보게 해주셨고, 스스로 인생의 주인이 되어 살아가게 하는 방법을 길러주셨기 때문입니다. (추가 질문) 그렇게 생각한 이유가 있다면 구체적으로 어떤 것인가? 저희 부모님은 제가 어렸을 때부터 어떤 상황에 대해 선택의 기로에 서 있었을 때도, '항상 너의 인생은 너의 것이니 네가 스스로 판단하라'고 말씀하셨고, '대신 그것에 대한 결과 또한 너의 몫이다'라고 말씀하셨습니다. 어렸을 때는 그게 부모가 할 말인가 너무 부모로써 무책임하지 않나 생각하였지만, 지금 와서 생각하면 그 덕에 제가 원하는 것, 제가 원하는 인생이 무엇인지에 대해 알 수 있었고, 저 스스로를 알아가는 시간이었다 생각합니다.

(10) 마지막 할 말

① 추가 질문을 할 수 없을 만큼 짧은 시간이 남았을 때 마무리하기 위해 하는 질문이다. 따라서 절대 오버하지 말고 간략하게 답하는 게 좋다.
② 누구나 하는 간절함이나 노력은 식상하게 들릴 위험이 크다. 차라리 지원자가 면접에 임하는 마음가짐으로 솔직함이나 성찰, 확신 등을 어필하는 게 차별화할 수 있다.
③ 별도로 충분한 시간을 주고 마지막으로 자신에 대해 어필하라고 할 때는 아직 말하지 못한 직무 역량이나 장점을 답해도 된다.

합격생 사례

솔직함 어필	예전에 어머니와 통화를 했는데, 어머니가 말씀하시길 '엄마가 너 취업 잘 되라고 부처님한테 기도하고 왔으니까 앞으로 잘 될 것이다'라고 하신 적이 있습니다. 이 말을 듣고 저의 취업이 저뿐만 아니라 부모님께도 참 중요한 문제구나라고 새삼스럽게 느낀 적이 있습니다. 꼭 이번에 OOOO에 입사해서 효도하는 딸이 되고 싶습니다.
성찰 어필	오늘은 횟수로는 두 번째지만 제 삶을 제대로 성찰한 첫 면접이었습니다. 지금까지, 저는 제가 살아온 시간들의 의미를 생각하지 못하면서 살아왔습니다. 하지만 이번 OOOO 공사 면접을 준비하면서 저의 삶을 되짚어보고 살아온 시간들의 의미를 고민해 보았습니다. 고민해 보면서, 저에게는 이번 면접이 삶을 되돌아볼 수 있는 계기가 되어 뜻깊었습니다. 차분히 오늘 면접을 복기하면서 면접 결과를 기다리겠습니다. 감사합니다.
확신 어필	후회 없는 선택에 최선을 다하는 것이 제 자신만의 규칙입니다. 처음엔 어떤 기업을 선택할 때에도 많은 고민 과정들이 있었지만, 현재는 확고하게 제 마음속에서 정한 기업은 OOOO입니다. 저는 제가 정한 결정에 후회 없이, 자신 있게 나아갈 것입니다.

05 직무면접: 대표 질문&모범 답변 10

(1) 전공 질문

① 개념 정의부터 두괄식으로 제시해야 하고, 그다음에 부연 설명과 본인의 의견을 더한다.
② 아는 걸 다 말하려고 하지 말고, 기억할 수 있는 범위까지만 정리해서 말한다.
③ 약술형 필기시험처럼 미리 정리해 두고 형식과 내용 암기에 활용한다.

합격생 사례

SCADA 시스템에 대해 아는가?	네, 알고 있습니다. SCADA 시스템은 감시제어와 데이터 획득을 통해 계통을 효율적으로 운영하는 시스템입니다. SCADA 시스템의 장점으로 먼저 한 곳에서 효과적으로 감시제어가 가능하여 현장에서 이를 수행할 필요가 없다는 장점이 있습니다. 또한, 계통의 합리적인 운용과 효율적인 에너지 관리가 가능합니다. 하지만 정보 보안에 취약해 사이버 테러의 위험이 있고 시스템 오류가 발생할 수 있다는 단점이 있습니다.
K-City란?	K-City는 2018년 하반기 경기도 화성에 구축할 예정인 자율주행 실험도시를 말합니다. K-City에서는 자율주행 자동차 개발 및 안전성을 검증하고, 기술에 대해 평가 등에 관한 연구를 수행할 것입니다. 자율주행기술은 개발만 한다고 능사가 아닙니다. 교통은 언제나 인간의 목숨을 담보로 하는 위험성을 갖기 때문에, 실제 교통 환경에 적용되기 위해서는 수많은 안전 연구를 진행해야 합니다. 이런 안전 연구를 수행할 수 있는 도시가 바로 'K-City'입니다.
저작권이란?	저작권은 인간의 창작물에 대한 노력과 가치를 인정하고, 저작자의 권리를 보호하고자 만들어진 법입니다. 이러한 지식재산권이 잘 지켜지지 않았을 경우 아이디어 도용 등으로 인해 많은 노력을 기울여 만든 제품에 대한 정당한 대가를 얻을 수 없으므로 권리를 안전하게 보호하는 지적재산권은 매우 중요합니다.

장애 유형은?	장애 유형은 총 15가지로 크게 신체적 장애와 정신적 장애로 구분됩니다. 신체적 장애의 경우는 12가지로 다시 외부와 내부로 나뉘고, 정신적 장애의 경우는 3가지로 다시 발달 장애와 정신 장애로 나눠집니다. 그중에서 발달 장애의 경우는 지적 장애와 자폐성 장애로 다시 구분됩니다.

(2) 일하고 싶은 부서·업무

① 어떤 부서·업무인지는 중요하지 않다. 왜 그런 선택을 했는지를 통해 지원자의 노력과 관심을 어필해야 한다.
② 막연하게 선택하지 말고 충분한 조사를 바탕으로 설명해야 한다. 직무기술서, 조직도, 사보, SNS 등을 통해 파악한다.

합격생 사례

입사 후 어느 부서에서 일하고 싶은지?	배전 운영와 관련된 부서에서 일하며 전기자동차 인프라 구축 사업에 참여하고 싶습니다. 또한 한국에서 배전과 관련하여 다양한 실무 경험을 통해 전문가로 성장한 후에는 도미니카 배전 EPC 사업 등에 참여하여 해외에서 한국전력공사의 기술력을 알리고 선진기술을 습득하여 회사가 더 성장할 수 있는 토대를 만들어 나가고 싶습니다.
관심 있는 업무는?	인사 업무입니다. 인사 업무는 인재를 적재적소에 배치하면서 효율적인 인력 운영을 통해 기업의 목표 달성에 기여한다는 점에서 가장 중요한 업무라고 생각합니다. 저는 군대에서 인사 관련 업무를 하면서 인사 업무의 중요성을 몸소 느꼈습니다. 문서 작성과 인력 관리 및 배치 등의 업무와 다른 사람들의 개인적인 문제를 상담해 주면서 인사 업무에 대한 흥미와 보람을 얻을 수 있었습니다.
일하고 싶은 역은?	사실 저는 어느 역으로 배정되어도 정말 감사한 마음으로 일할 것입니다. 하지만 한 곳을 정해본다면 여의도역에서 근무하고 싶습니다. 그곳에서 바쁘게 출퇴근하는 각계각층의 사람들을 마주치며 저 또한 남들에게 뒤처지지 않고 자극을 얻고 싶기 때문입니다.
운영관리처 일반 사무의 업무를 어떤 것인가?	공고와 직무기술서의 내용을 토대로 일반사무직의 업무를 파악하였습니다. 철도공사위수탁사업 및 공무관리 등 일반사무 전반으로 알고 있습니다. 따라서 철도공사의 사업을 토대로 경영을 기획하고 평가하며 총무와 사무 행정을 수행해 나가는 업무라고 이해하였습니다.

(3) 회사 이슈

① 어떤 이슈이냐가 아니라 얼마나 지원기업에 대해 관심이 있는가를 평가하는 문항이다.
② 단순한 사실관계를 말하지 말고 지원기업에 어떤 영향을 끼치는지에 대한 자신의 의견을 제시해야 한다.

합격생 사례

회사 관련 최신 이슈에 대해 아는가?	네, 최근 서울교통공사에서 4차 산업혁명 기술을 지하철 서비스에 적극 도입함에 따라서 빅데이터와 ICT를 활용해 지하철 혼잡도 정보를 제공하거나 Samba 등 편의성과 안전성을 위해 노력하고 있습니다. 또한 비접촉식 게이트나 리스토리지 등 언택트 서비스를 대폭 확대하고 있는 것으로 알고 있습니다.
최근 회사 관련 이슈에 대한 견해는?	최저임금 적용 예외로 인해 피해를 입는 장애인 근로자들에 대한 뉴스를 보고 놀랐습니다. 6,500여 명에 달하는 장애인 근로자가 최저임금의 20%에도 미치지 못하는 월평균 36만 원의 임금을 받고 있다고 알고 있습니다. 고용노동부의 인가를 받은 경우에 최저임금을 적용하지 않아도 되는데 최저임금 적용의 예외를 넓게 두고 있는 것이 원인으로 뽑히고 있습니다. 해당 이슈를 접하고 공단의 직원으로서 갖추어야 할 마음가짐에 대해서 생각해 보았습니다. 장애인 취업의 양적 성장도 중요하지만, 취업의 질적 성장에도 주의를 기울여서 장애인 분들이 경제적으로 자립하는데 필요한 적정한 경제적 보상을 받을 수 있는 일자리를 발굴해야겠다고 생각했습니다. 또 공단에서 최저임금 적용 제외 대상인 장애인이 양질의 일자리로 복귀할 수 있도록 지원하는 근로장애인 전환지원 사업의 지원 범위와 내용이 확대될 필요가 있다고 생각했습니다.
회사에 관한 뉴스에 대해 기억하는 것은?	자율주행 자동차 검사기술 개발을 위한 한국교통안전공단과 독일 자동차 검사 제도 관리국인 FSD와의 업무협약을 체결한 것입니다. 이번 업무협약을 체결함으로써 양 기관은 첨단자동차와 자율주행 자동차의 안전성 확보를 위한 검사제도와 기술을 공유할 계획으로 알고 있습니다.
직무인터뷰를 자주 읽었다고 했는데 기억에 남는 임직원이 있는가?	재료 공학을 전공하며 한국가스공사에 입사하기 위해 노력했던 선배님이 떠오릅니다. 자신의 전공과 다른 기계 공학을 공부하며 어려움이 많았지만, 오직 가스공사에서 일하고 싶은 열정 하나로 이겨냈다는 이야기를 보며 그 열정과 패기에 감동했습니다. 향후 신입사원으로 입사하게 된다면 저의 감동적인 이야기를 취업 준비생에게 들려주고 싶습니다.

(4) 직무 역량

① NCS 전형은 직무 역량을 통해 실제 직무를 잘 수행할 수 있다고 판단하는 과정이다. 따라서 반드시 준비해야 한다.
② 직무 역량은 전문성을 평가하는 직무수행능력과 모든 직무에 공통적으로 요구되는 직업기초능력으로 나눠진다. 상대적으로 교육과정이나 자격증 등을 근거로 제시하기 쉬운 직무수행능력이 더 설득력 있다. 직업기초능력의 경우 개념 설명만으로 부족하니 적절한 사례를 연결해야 한다.

합격생 사례

준비한 역량이 무엇인가?	제가 지원한 화력발전설비 설계 및 운영 업무를 잘 수행하기 위해서는 설비 설계를 위한 규정 파악, 도면 해석, 업무 관련 프로그램 사용능력, 주요설비 조작기술 등이 가장 중요하다고 생각합니다. 저는 실제 회사에서 업무를 수행하면서 프로젝트를 수행하면서 설계를 위한 스펙 및 설계 규정을 파악을 통해 설계 방향을 정했고 업무에 사용되는 많은 모델링 및 계산 프로그램을 접하고 실제 업무에 사용했습니다. 또한 직접 설치된 설비들을 생산 부서와 함께 작동해 보면서 설비들의 이해도를 높였습니다. 업종이 다른 만큼 적용되는 규정, 사용되는 프로그램 그리고 사용되는 설비들의 큰 차이들이 있겠지만 이전에 수행했었던 업무들의 노하우를 잘 적용해서 실제 서부발전에서의 업무에 적용하면 큰 도움이 될 것으로 보입니다.
자신의 전문성은?	실무에 꼭 필요한 전문성은 프로그램 활용 능력과 전기와 공사에 대한 이해 능력입니다. 지인들을 통해 학부 시절부터 서울교통공사에서 엑셀이나 캐드 등 다양한 프로그램이 실무에 직접적으로 사용된다는 것을 알고 있었습니다. 그래서 프로그램을 다루는 능력을 기르고자 교내에서 진행했던 CAD 교육과정을 이수하였고 또한 액셀과 엑세스에 대해 공부하며 관련된 전문자격증인 컴퓨터활용능력 1급을 취득하였습니다. 그리고 전기직 직무 특성상 역사 전기과에서 근무하게 되는데 그곳에서는 역사와 기지 내 전기 시설물을 총괄하여 관리하고 역사 안에서 이루어지는 전기공사를 설계 및 발주하며 공사 현장을 관리 감독하는 업무를 진행하게 됩니다. 그래서 전기 관련 자격증인 전기기사와 전기공사기사를 취득하여 전문성을 갖추었습니다.

보유한 역량을 토대로 회사에 이바지 할 수 있는 점	저의 '문화적 소통'으로 공단의 전략목표인 '장애인 맞춤형 취업 지원 강화'에 이바지하고 싶습니다. 저에게 있어 '문화적 소통 능력'이란 언어 소통뿐만 아니라 타문화의 이해와 공감의 능력입니다. 이러한 '문화적 소통'을 발전시키기 위해 '문화인류학' 학사 과정을 밟았으며, 이 과정을 통해 배우고 발전시켰던 '문화적 소통 능력'으로, 장애인분들이 가지고 있는 고충과 문화적인 측면을 장애인분 입장에서 생각하고 일을 수행해 나가는 '고객지향성'의 태도로 확장하여 공단의 '장애인 맞춤형 취업 지원 강화'란 전략목표에 도달하고 싶습니다.
남들과 다른 자신만의 강점은?	남들과 다른 저만의 강점은 연대본부 및 예하 대대 유선 통신망을 총괄책임지는 가설소대장으로 2년간 복무하면서 다진 조직능력입니다. 저는 군에서 조직의 목표에 따라 본인의 역할을 찾아 수행함으로써 기여하는 법을 체득했습니다. 또한 조직의 목표를 달성하기 위해 동료와 부하들을 이끌고, 타 부서들과 협조했던 경험을 갖고 있습니다. 이는 다른 지원자들과 차별화된 강점이며 저 스스로 가장 자랑스러워하는 점이기도 합니다.
업무 시 나만의 필살기가 있다면?	네, 저는 업무를 할 때 요청받은 업무를 꼼꼼하게 처리하고 까먹지 않도록 메모장을 갖고 다닙니다. 실제로 업무 보조 봉사를 할 때 파일 정리를 부탁받은 적이 있는데 파일 정리 규칙이 복잡하여 메모장에 규칙과 주의사항을 작성하고 이를 참고하며 파일 정리에 실수가 나오지 않도록 하였습니다.

(5) 직무 태도

① 공적 책임, 사명감, 자신감 등 가치관을 토대로 신뢰를 얻는 것이 중요하다.
② 무조건 할 수 있다고 하지 말고 자신의 주장에 대해 '왜?'라는 질문을 붙여보고 그 답변을 추가한다. 현직자의 인터뷰를 통해 가치관을 벤치마킹하는 것도 도움된다.
③ 현장에서 '어떻게 하지?'라는 고민을 하지 말고 미리 상황을 가정하고 답변을 준비해야 한다.

합격생 사례

지방근무 어떻게 생각하는가?	실무 능력을 강화할 좋은 기회라고 생각합니다. 송전 선로는 도심 지역보다는 지방에 많이 시설되어 있어 지방 근무를 한다면 한국전력공사의 설비를 정확하게 파악할 수 있습니다. 이 과정은 실무자로서 책임감을 갖춰 직무를 수행할 때 중요한 역량이라고 판단했습니다. 좋은 사람들 있는 곳이면 어디든지 살기 좋은 곳이라고 생각합니다. 어디에서 근무할지 모르지만 어떤 사람과도 잘 어울릴 자신이 있기 때문에 걱정해 본 적 없습니다.
원하지 않는 부서에 발령나면?	저의 능력을 인정해 주셔서 채용되었고, 제가 해당 부서에서 제일 잘 할 수 있다 판단되어 발령을 하셨을 것입니다. 회사의 판단에 따라 해당 부서에서 긍정적인 마인드로 최선을 다하겠습니다. 다만, 제가 지금까지 길러왔던 역량을 계속해서 개발함으로써 나중에 부서 이동 기회가 주어진다면 다시 원하는 부서에 지원해 보고 싶습니다. 그때는 처음 배치받았던 부서의 업무 경험을 바탕으로 다양한 업무를 수행할 수 있는 인재가 되도록 하겠습니다.
교대 근무해야 하는데 괜찮겠는가?	네 괜찮습니다. 인터넷을 검색하니 교대근무가 힘들다 하는 사람도 있었지만, 체력을 기른다면 충분히 수행할 수 있다는 것을 확인했습니다. OOOOOO의 직원으로서 사명감을 가지고 근무를 수행하는 것은 당연하기에 등산을 하며 체력을 길렀습니다. 그렇기에 교대근무가 힘들 것 같은 생각은 안 했습니다.
집이 멀어도 다른 지사에서 근무할 수 있는가?	물론입니다. 일은 취향이 아니라 책임감으로 하는 것이라고 생각합니다. 집이 멀다는 것은 가족, 친구들과 멀어진다는 점에서 단점일 수 있지만 새로운 사람들을 만나고 새로운 지역에서 생활할 수 있다는 면에서 장점이 될 수 있다고 생각합니다. 또한 저는 새로운 환경에서 적응력도 뛰어나기 때문에 다른 지역에서 근무하는 것은 전혀 문제 되지 않습니다.
야근 많아도 괜찮겠는가?	야근이 많다는 건 회사가 그만큼 많은 일을 하고 있고 잘 되고 있다는 뜻이라고 생각합니다. 그리고 저에게 맡겨진 일이 많다는 것은 제가 인정받고 있다는 증거일 것입니다. 사회 초년생인 만큼 야근이 많더라도 직무 능력을 향상할 기회라고 생각하며 열심히 일하겠습니다.

(6) 상사의 부당한 지시

① 상사와의 인간관계를 우선시하지 말고 공직자 윤리, 원칙과 절차를 강조해야 한다.
② 어떻게 대응할지부터 고민하지 말고, 공적 책임이나 관련 규정 등 판단기준부터 설정해야 추가 질문에도 적절히 대응할 수 있다.
③ 선공후사, 공사구분 같은 기본적인 판단기준부터 기업 홈페이지에 있는 윤리경영, 윤리강령에 나오는 기준까지 정리하면 논리적으로 답할 수 있다.

합격생 사례

상사가 부당한 지시를 한다면?	제가 하는 일은 공익에 기여하는 공적 책무이기 때문에 원칙에 따를 것입니다. 상사의 업무지시에 응하는 것은 사원으로서 당연한 역할이라고 생각합니다. 하지만 그것이 원칙에 어긋나고 추후에 문제가 될 수 있다면 저의 거절 이유를 말씀드리고 단호하게 거절할 것입니다.
상사가 부당한 일을 시킨다면?	부당성을 판단하는 기준은 불법적인 요소의 존재 유무라고 생각합니다. 상사가 규정과 원칙하에 업무를 시킨다면 상사의 의견에 따르겠습니다. 하지만 불법적인 요소가 존재하는 업무를 강행하라고 요구한다면 먼저 예의를 지켜 이의를 제기하겠습니다. 그럼에도 강행을 요구한다면 추후 병원에 더 큰 피해를, 불이익을 가져다 줄 수 있기 때문에 차상급관리자에게 말씀을 드리겠습니다.
상사의 부당한 지시가 규정에 맞지 않을 때 어떻게 하겠는가?	공사의 모든 임직원은 정해진 규정에 따라 업무를 처리해야 합니다. 또한 상사의 지시가 부당한지 아닌지는 공사의 업무 지침과 내부규정을 기준으로 평가할 수 있습니다. 그러므로 우선 부장님의 지시가 내부규정에 맞는지 여부를 다시 한번 확인해 보겠습니다. 그리고 내부규정을 어긴 게 확실하다면 다른 선배님과 상의를 해본 후 업무시간 이후에 부장님을 찾아가 내부규정을 어긴 지시를 하신 의도에 대해서 물어보고, 시정해 주실 것을 완곡하게 말씀드리겠습니다. 그래도 끝까지 지시를 거두어 주시지 않는다면 다시 한번 말씀드려 보고, 그래도 안 될 경우 어쩔 수 없이 감사실에 보고하겠습니다.

(7) 일하기 싫은 유형

① 인간관계보다는 업무적 접근이 필요하다. 같이 업무를 했을 때 문제가 되는 유형을 제시하고 이유를 바로 제시한다.
② 실제 사례는 필수가 아니라 옵션이다. 적당한 사례는 좋은 근거가 되지만 분량이 길어지면 장황한 답변이 될 위험이 있다.
③ 함께 일하기 싫은 상사라고 물어보더라도 무조건 예의만 따지지 말고 철저하게 업무적으로 접근한다.

합격생 사례

함께 일하기 싫은 유형이 있다면?	규정을 준수하지 않는 사람입니다. 원리·원칙에 따라 행동하지 않는 사람은 조직에서 불화를 일으킬 수 있습니다. 이러한 문제가 극대화된다면 조직이 목표를 달성하는 데 발목을 잡는 문제가 발생합니다. 그러므로 공동체에서는 규정을 준수하고 행동하는 것이 가장 중요하다고 생각해 규정을 준수하지 않는 사람을 싫어하는 유형의 사람이라고 선정했습니다.
조직에서 안 맞는 유형은?	무책임한 사람이라고 생각합니다. 잘은 모르지만, 그로 인해서 저만 팀원뿐만 아니라 고객에게도 피해를 끼칠 수도 있기 때문에 참 위험할 수도 있을 것 같습니다.
같이 일하기 싫은 상사 유형과 이유	정직하지 않은 상사와 같이 일하기 싫을 것 같습니다. 왜냐하면, 공공기관에서 일하는 공직자는 투명하게 과업을 수행하지 않으면, 그 피해는 기업을 넘어 국민에게 가기 때문입니다. 국민을 위해 일하면서 정직하지 못한 상사와 일을 한다면, 일하기 싫을 것 같습니다.

(8) 상사와 소통

① 인간관계보다는 업무 중심의 접근이 필요하다. 무조건 공손하게 상대의 의견을 따르지 말고 소통 방법이나 설득 방법을 제시해야 한다.
② 동료라도 기본적인 예의는 갖춰야 하며, 상사라고 해서 무조건 내가 부족하다는 저자세로 대하는 것도 좋지 않다.

합격생 사례

상사와 의견 차이가 있다면?	저는 실제로 상사와 업무에 관한 의견 차이가 있다면 깊이 있는 대화를 바탕으로 이견을 좁혀 나가는 것이 무엇보다도 중요하다고 생각합니다. 실제로 이전 기업에서 상사와 업무 방식에 대한 의견 차이가 생긴 적이 있었습니다. 그때는 제 이름으로 된 프로젝트이기도 했고 규정에 따른 업무가 지켜져야 되었기 때문에 상사를 설득해 진행을 하긴 했지만 세부적인 업무에 관해서는 상사의 얘기를 따르며 서로 토의하며 원만하게 해결했습니다. 같은 부서에서는 서로 비슷한 업무를 수행하는 만큼 서로 도움을 주고 도움을 받는 경우가 많기 때문에 이러한 부분은 잘 생각하여 깊이 있는 토의를 바탕으로 원만하게 해결하는 것이 가장 좋은 방법이라고 생각합니다.
상사와 의견이 맞지 않을 때 어떻게 대처할 것인가?	의견의 불일치가 어떠한 사유인지에 따라 다를 것 같습니다. 만일 상사의 의견이 회사의 규정과 맞지 않거나 불합리한 것이라면 사내 규정을 준수하고 공공의 이익을 위한 방안을 추진할 수 있도록 그에 따른 의견을 적극적으로 개진할 것입니다. 하지만 상사의 의견이 회사의 규정에 따른 것이고 단순히 그 문제를 해결하기 위한 방안에 대하여 저와의 의견 차이가 있는 것이라면 제 의견을 무조건 주장하지 않고 상사가 제시한 의견에 대해 더 심도 깊게 생각해 보겠습니다. 아무래도 저보다 훨씬 많은 경험과 연륜이 쌓인 분이고 회사에 대해 더 잘 파악하고 계시는 분에게서 나오는 의견이므로 그에 대한 이유가 있을 것입니다. 상사와 대치하기보다는 상사의 의견을 존중하고 배워나가는 자세로 임하겠습니다.
나이 많은 상사와 일해본 경험 있는가?	연세 있는 분들이라도 예의 갖춰 대하고 제 의견을 논리적으로 말하면 큰 문제 없이 함께 일할 수 있습니다. 저는 나이 많은 상사와 일할 때 그분들의 경험을 존중하면서 동시에 저의 의견을 논리적으로 이야기하는 편입니다. 공공기관 현장실습 업무 당시 스프레드시트를 활용한 업무 개선을 건의드렸지만 상사분께서는 이에 대해 회의적이었습니다. 안정성을 중시하는 상사의 의견을 존중하여 직접 개선된 업무 방식을 선보여 업무 안정성은 유지하면서 업무 효율을 올릴 수 있음을 주장하였고 상사분께서도 이를 받아들여 주셨습니다.

(9) 직무상황 대처

① 모범답안이 있는 게 아니라 일 잘하는 사람이 평가하는 문항이다. 논리적인 답변을 위해서는 직무상황을 판단할 수 있는 근거를 반드시 제시해야 한다.
② 상황에 적용할 기준부터 생각하고, 이를 토대로 답한다. 지원기업 홈페이지에는 안전경영규범, 윤리강령, 고객서비스 헌장 등 업무에 적용할 수 있는 기준이 있다.

합격생 사례

업무 수행에 있어 선조치 후보고가 맞는가, 선보고 후조치가 맞는가?	선조치 후보고가 맞다고 생각합니다. 돌발적인 상황이 발생하였을 때 보고 후 명령만을 기다리다가는 골든타임을 놓칠 수 있기 때문입니다. 단, 선조치 시 업무 예규를 철저히 지킨다면 보고를 나중에 하더라도 최선의 결과가 나타날 것으로 생각합니다.
본인이 알고 있는 지식이 선배와 다를 때 어떻게 하는가?	제가 하는 일은 공적 책무가 따르기 때문에 누가 옳다는 걸 따지기보다 어떻게 하는 것이 국민에게 필요한지 우선 생각하겠습니다. 따라서 대화를 통해 어떤 지식이 맞는지 확인하겠습니다. 물론 경험이 적은 제가 상사나 선배에게 배워야 할 것이 많을 것 같습니다.
상급자가 생각보다 성과를 낮게 평가한다면 어떻게 할 것인가?	상급자께서는 오랜 시간 동안 성과 평가, 팀원 관리를 하시면서 그럴만한 시각을 갖추고 계실 것이라 생각됩니다. 따라서 저는 상급자에게 가서 제가 부족한 부분이 무엇인지 물어보고 그 부족한 부분을 채워나가기 위해 노력할 것입니다.
사내 갈등은 어떻게 해결할 것인가?	업무적인 갈등과 개인적인 갈등 두 가지 경우를 각각 살펴보면, 업무적인 갈등은 긍정적인 갈등이라고 생각합니다. 갈등하는 사람들 모두 '높은 성과'라는 공동의 목표를 지향하는 데 있어 방법이 달라 갈등하는 것이라 생각합니다. 따라서 규정과 권한, 책임과 능력의 범위 안에서 최대한 합리적인 방안을 찾도록 계속해서 소통하여 해결할 것입니다. 개인적인 갈등은 각자의 고뇌나 성격, 오해들로 인한 것이라고 생각합니다. 따라서 저는 상대방과 술 한 잔 하자고 제의하는 등 진솔한 얘기를 하며 해결해 나갈 것입니다.

(10) 고객서비스

① 경험을 물어보는 게 아니라 고객서비스 역량을 갖추고 있는지 평가하는 문항이다. 따라서 고객서비스에 대해 얼마나 잘 알고 있는지가 중요하다.
② 특별한 경험이 아니라도 괜찮다. 관련 경험 자체를 역량이라고 하지 말고 역량을 입증하는 근거로 제시하면 설득할 수 있다.
③ 고객서비스에 대한 지식은 NCS 직업기초능력 대인관계능력, CS 교육자료 등을 참고한다.

합격생 사례

질문	답변
자신만의 고객 응대 방법이 있는가?	우선 고객과 눈높이를 맞추는 것이 중요하다고 생각합니다. 소통의 기본 덕목으로서 눈을 맞추고 대화를 시작해야 신뢰감이 더 향상되기 때문입니다. 또한 고객의 소리를 귀담아듣고 해결책을 찾아 고객이 만족할 때까지 업무를 처리해야 한다고 생각합니다.
고객만족을 위하여 자신이 할 수 있는 것은?	근무시간 동안 정위치에서 근무하여 고객이 찾기 전에 먼저 다가가는 능동적 서비스를 제공할 수 있도록 할 것입니다. 또한 고객과 소통을 할 때에는 나이가 어리다고 판단되어도 경어를 사용하되 알기 쉬운 용어로 풀어서 설명해야 할 것입니다. 특히 비상벨 및 인터폰에 귀를 기울여 상황 발생 시 신속하고 안전하게 응대할 수 있도록 할 것입니다.
진상고객을 응대했던 경험이 있는가?	저는 진상 손님을 응대하는 가장 좋은 방법은 고객님의 행동의 원인을 명확히 파악하는 것이라고 생각합니다. 과거 한 공공기관에서 인턴으로 근무할 때 진상 손님을 응대하는 경험을 한 적이 있습니다. 그 고객께서는 본인의 민원을 해결해 주지 않는다며 크게 화를 내고 계셨습니다. 저는 어째서 그분이 그러한 행동을 하는지 그분의 이야기를 유심히 들어보았고, 그 결과 그분이 자신이 무시당했다는 생각 때문에 그러한 행동을 보이신다는 것을 알게 되었습니다. 그래서 그분이 존중받는 느낌이 드실 수 있도록 정중히 응대하였고, 결국 손님의 민원을 해결할 수 있었습니다.
지역주민들과 어떤 방식으로 소통했나?	저는 어떤 고객이든 친절하게 대한다는 원칙을 지켰습니다. 항상 밝은 표정으로 웃으면서 고객을 대하였고, 불만 사항은 빠르게 해결하며 서비스 향상을 위해 노력하였습니다.

06 PT면접: 나만의 스크립트 만들기

PT면접(Presentation 면접)은 지원자의 사고력, 분석력, 논리적 사고, 전달력 등을 평가하는 중요한 면접 방식으로 공공기관에서 늘어나고 있는 추세이다. 이렇게 늘어나고 있는 이유는 PT면접을 통해 지원자의 문제 해결 능력과 커뮤니케이션 스킬을 종합적으로 평가하고 있기 때문이다. 따라서 PT면접의 결과는 채용에 큰 영향을 미칠 수 있으므로 철저한 준비가 필요하다.

(1) PT면접을 미리 준비해야 하는 이유

① PT면접에서는 주어진 주제에 대한 자료 조사와 분석이 요구된다. 그렇기 때문에 미리 PT면접을 연습하지 않으면 시간에 쫓겨 충분한 자료를 수집하고 분석할 수 없으며, 이는 발표 내용의 질적 저하로 이어질 수 있기 때문에 미리 준비해야 한다.
② 예를 들어, 공공기관의 외부환경 중 가장 중요한 기후변화와 관련된 주제를 다룰 때, 최신 연구 자료와 통계를 바탕으로 한 논리적이고 설득력 있는 발표가 필요하다. 이를 위해 충분한 시간을 두고 자료를 조사해야 다른 사람과 차별을 둘 수 있다.
③ 발표는 논리적이고 일관된 구조로 구성되어야 한다. 서론, 본론, 결론을 넘어 기본정보, 현용정보, 판단력 정보의 구성을 만들어서 면접관이 쉽게 이해할 수 있도록 해야 한다. 미리 준비하지 않으면 좋은 구성을 만들 수 없으며 논리적 흐름이 부족한 발표를 하게 될 수 있다.
④ PT면접 연습에서 가장 중요한 것은 발표 연습과 스크립트 연습이다. 특히 스크립트 작성은 발표의 전반적인 구조를 체계적으로 구성하는 데 중요한 역할을 한다. 체계적인 스크립트 작성은 논리적이고 일관된 발표를 가능하게 하며, 자신감과 안정감을 높여준다. 그러므로 스크립트 작성 연습은 필수적이라고 할 수 있다.

(2) PT면접 구성방법

PT면접의 구성은 일반적인 서론-본론-결론 구조를 넘어, 효과적인 정보 전달을 위해 '기본정보 - 현용정보 - 판단력 정보'로 나누어 구성할 수 있다. 이런 구성을 하는 이유는 공공기관이나 행정 분야에서 정보를 전달하는 데 많이 사용되는 방법이므로, 면접에서도 효과적으로 활용될 수 있다.

PT면접의 구성 방식

1. **기본정보**: 이론이나 용어에 대한 개념, 이슈에 대한 배경 등을 이야기하는 부분으로 왜 이런 이야기를 하는지에 대한 배경을 설명하는 부분이다. 즉, 발표 주제의 배경과 맥락을 설명하여 면접관이 주제를 이해할 수 있게 한다.
2. **현용정보**: 현재 기업이 하고 있는 사업이나 현황, 어떤 이슈에 대한 배경, 어떤 이론에 응용 사례 등을 이야기하는 부분으로 현재 일어나고 있는 것을 설명하고 이를 통해 듣는 사람이 정확하게 문제를 파악할 수 있도록 하는 부분이다.
3. **판단력 정보**: 해결 방안이나 발전 방향, 기대효과, 이론에 응용 사례를 통한 발전 방향 등을 이야기하는 부분으로 결론에 해당하며 자신의 주장이 들어가는 부분이라고 할 수 있다.

PT면접의 구성 방식에 따른 사례 구성

주제: 수소 경제에 대해 이야기 하고 수소 경제가 나아가야 할 방향에 대해 발표하시오.
(한국가스공사 기출)

1. **기본정보**: 수소 경제란, 기후변화와 더불어 전 세계적으로 차세대 에너지에 대한 관심이 높아지면서 주목받고 있는 것으로 한국은 2018년부터 수소 경제에 대한 비전을 가지고 나아가고 있다.
2. **현용정보**: 현재 가스공사는 2030년까지 수소 생산시설 25개소를 구축할 계획에 있으며 현재 2020년 1월 김해관리소에 수소 추출기 및 충전소 착공식과 더불어 실증사업에 들어갔다. 또한 전국에 수소를 원활하게 공급하기 위해 2030년까지 거점도시를 중심으로 튜브 트레일러 500대, 배관망 700km를 구축할 계획에 있다.
3. **판단력 정보**: 이를 통해 가스공사는 수소 산업 전 과정의 견인차 역할을 하게 될 것이며, 이를 통해 수소 선진국으로서 발돋움할 수 있다.

(3) PT면접 스크립트 만드는 방법

① PT면접은 많은 사람에게 어려운 도전일 수 있다. 하지만 체계적인 방법을 따르면 누구나 쉽게 준비할 수 있다. 아래는 스크립트를 효과적으로 학성할 수 있는 방법을 단계별로 설명하고 있으니 그대로 따라 작성해 보는 것도 좋을 것이다.

스크립트 작성 단계

단계	내용	세부내용
1단계: 주제 이해하기	주제 확인	• 기출문제를 살펴보고 이에 관한 주제를 정확히 읽고 이해한다. • 예시: 수소 경제의 발전 방안
	핵심 키워드 파악	• 주제에서 중요한 키워드를 추출한다. • 예시: "수소 경제", "발전 방안"
2단계: 기본정보 작성	배경 조사	• 주제와 관련된 기본정보를 조사한다. 인터넷, 도서, 사보, 지속가능경영 등을 활용하여 자료를 수집한다. • "수소 경제란 무엇인가?", "왜 수소 경제가 중요한가?"
	서론 작성	• 조사한 내용을 바탕으로 서론을 작성한다. • 서론은 주제 소개와 발표의 목적을 간략하게 설명한다. • 예시: "오늘 발표할 주제는 '수소 경제의 발전 방안'입니다. 수소 경제는 기후변화와 더불어 전 세계적으로 차세대 에너지에 대한 관심이 높아지면서 주목받고 있습니다. 한국은 2018년부터 수소 경제에 대한 비전을 가지고 나아가고 있습니다."

3단계: 현용정보 작성	현황조사	• 현재 진행 중인 관련 사업이나 이슈를 조사한다. • 예시: "한국가스공사의 수소 생산시설 구축계획", "현재 진행 중인 수소 관련 사업"
	본론 작성	• 조사한 현황을 바탕으로 본론을 작성한다. • 본론은 현재 상황을 구체적으로 설명하고, 문제를 명확히 파악할 수 있도록 한다. • 예시: "현재 가스공사는 2030년까지 수소 생산시설 25개소를 구축할 계획에 있으며, 2020년 1월 김해관리소에 수소 추출기 및 충전소 착공식과 더불어 실증사업에 들어갔습니다. 또한, 전국에 수소를 원활하게 공급하기 위해 2030년까지 거점도시를 중심으로 튜브 트레일러 500대, 배관망 700km를 구축할 계획에 있습니다."
4단계: 판단력 정보 작성	해결방안 및 발전방향 제시	• 주제와 관련된 문제에 대한 해결방안이나 발전 방향을 제시한다. • 예시: "수소 산업의 발전 방안", "수소 경제를 선도하기 위한 전략"
	결론 작성	• 해결 방안이나 발전 방향을 바탕으로 결론을 작성한다. • 결론은 발표 내용을 요약하고, 청중에게 전달하고자 하는 메시지를 명확히 해야 한다. • 예시: "이를 통해 가스공사는 수소 산업 전 과정의 견인차 역할을 하게 될 것이며, 이를 통해 수소 선진국으로서 발돋움할 수 있습니다. 결론적으로, 가스공사의 이러한 노력은 수소 산업 발전에 크게 기여할 것이며, 한국이 수소 경제 선진국으로 도약하는 데 중요한 역할을 할 것입니다."

5단계: 전체 구조 점검 및 다듬기	전체 구조 점검	• 서론, 본론, 결론의 구조가 논리적으로 이어지도록 전체 스크립트를 점검한다. • 예시: "서론에서 수소 경제의 개념을 소개하고, 본론에서 가스공사의 현재 상황을 설명하며, 결론에서 해결 방안과 발전 방향을 제시합니다."
	문장 다듬기	• 작성한 내용을 다듬어 자연스럽게 이어지도록 한다. 발표할 때 매끄럽게 전달될 수 있도록 문장을 수정한다. • 예시: "오늘 발표에서는 수소 경제의 개념과 가스공사의 현재 상황, 그리고 수소 산업 발전 방안에 대해 설명드리겠습니다."

② 문서를 발표해서 요약하는 경우도 있다. 문서를 요약해서 발표하는 능력은 PT면접에서 매우 중요한 기술이다. 문서 요약의 기본 원칙은 다음과 같다.
- **핵심 내용 파악**: 문서의 주요 주제와 논점을 이해하고, 중요한 정보를 선별한다.
- **간결한 표현**: 불필요한 세부 사항을 생략하고, 간결하고 명확하게 내용을 정리한다.
- **논리적 구조**: 요약한 내용을 논리적이고 일관된 구조로 배열하여 발표한다.

(4) 문서 요약 및 발표 구성의 사례

문제: 다음 보도자료를 읽고 발표하시오.

주제: 기후변화 위기와 대응 방안

보도자료 1: 기후변화로 인한 재난 빈도 증가
기후변화로 인한 재난의 빈도가 전 세계적으로 증가하고 있다. 지난 10년간 극심한 기상 현상으로 인한 재난이 급증했으며, 이는 인명 피해와 경제적 손실을 초래하고 있다. 기후변화에 대한 국제적인 대응이 필요하며, 각국 정부는 기후변화 완화를 위한 정책을 강화하고 있다. 특히, 온실가스 배출량 감소와 재생에너지 전환이 주요 과제로 떠오르고 있다.

보도자료 2: 한국의 기후변화 대응 정책
한국 정부는 기후변화 대응을 위한 다양한 정책을 추진하고 있다. 2030년까지 온실가스 배출량을 2018년 대비 40% 감축하는 목표를 설정하고, 이를 위해 에너지 효율화, 재생에너지 확대, 녹색 기술 개발 등을 적극적으로 추진하고 있다. 또한, 탄소중립 사회로의 전환을 위해 다양한 분야에서 노력을 기울이고 있으며, 국제 사회와의 협력을 강화하고 있다.

답변 사례

서론	인사말	안녕하세요, 저는 OOO입니다. 오늘 발표할 주제는 '기후변화 위기와 대응 방안'입니다.
	내용	기후변화는 전 세계적으로 큰 위협이 되고 있으며, 이에 대한 대응이 시급한 상황입니다. 이번 발표에서는 기후변화로 인한 재난 빈도 증가와 한국의 기후변화 대응 정책에 대해 살펴보겠습니다.
본론		첫 번째로 기후변화로 인한 재난 빈도 증가에 대해 말씀드리겠습니다. 지난 10년간 극심한 기상 현상으로 인한 재난이 급증하였고, 이는 인명 피해와 경제적 손실을 초래하고 있습니다. 기후변화에 대한 국제적인 대응이 필요하며, 각국 정부는 기후변화 완화를 위한 정책을 강화하고 있습니다. 특히, 온실가스 배출량 감소와 재생에너지 전환이 주요 과제로 떠오르고 있습니다. 두 번째로 한국의 기후변화 대응 정책에 대해 설명드리겠습니다. 한국 정부는 2030년까지 온실가스 배출량을 2018년 대비 40% 감축하는 목표를 설정하고, 이를 위해 에너지 효율화, 재생에너지 확대, 녹색 기술 개발 등을 추진하고 있습니다. 또한, 탄소중립 사회로의 전환을 위해 다양한 분야에서 노력을 기울이고 있으며, 국제 사회와의 협력을 강화하고 있습니다.
결론		결론적으로 기후변화는 전 세계적으로 심각한 위협이 되고 있으며, 이에 대한 적극적인 대응이 필요합니다. 한국 정부의 기후변화 대응 정책은 온실가스 배출량 감소와 재생에너지 전환 등을 통해 기후변화 완화에 기여할 것입니다. 감사합니다.

(5) 문서 요약 발표 연습 문제

문제 1: 다음 기후변화 위기의 자료를 읽고 대응 방안에 대해 발표하시오.

주제: 기후변화 위기와 대응 방안

보도자료 1: 기후변화로 인한 재난 빈도 증가
기후변화로 인한 재난의 빈도가 전 세계적으로 증가하고 있다. 지난 10년간 극심한 기상 현상으로 인한 재난이 급증했으며, 이는 인명 피해와 경제적 손실을 초래하고 있다. 극심한 홍수, 가뭄, 허리케인, 산불 등의 자연재해가 빈번해지면서 각국의 피해가 커지고 있다. 기후변화에 대한 국제적인 대응이 필요하며, 각국 정부는 기후변화 완화를 위한 정책을 강화하고 있다. 특히, 온실가스 배출량 감소와 재생에너지 전환이 주요 과제로 떠오르고 있다. 예를 들어, 유럽연합(EU)은 2050년까지 탄소 중립을 달성하기 위해 다양한 정책을 추진 중이다. 미국 역시 파리기후협약에 재가입하며, 온실가스 배출량 감축 목표를 강화하고 있다.

보도자료 2: 한국의 기후변화 대응 정책
한국 정부는 기후변화 대응을 위한 다양한 정책을 추진하고 있다. 2030년까지 온실가스 배출량을 2018년 대비 40% 감축하는 목표를 설정하고, 이를 위해 에너지 효율화, 재생에너지 확대, 녹색 기술 개발 등을 적극적으로 추진하고 있다. 또한, 탄소중립 사회로의 전환을 위해 다양한 분야에서 노력을 기울이고 있으며, 국제 사회와의 협력을 강화하고 있다. 한국은 2050년 탄소중립 목표를 달성하기 위해 '그린 뉴딜' 정책을 시행하고 있으며, 이는 재생에너지 확대, 친환경 인프라 구축, 녹색 일자리 창출 등을 포함한다. 또한, 산업 부문에서는 에너지 효율 향상과 저탄소 기술 도입을 장려하고 있으며, 교통부문에서는 전기차와 수소차 보급을 확대하고 있다.

보도자료 3: 기후변화와 생물 다양성 감소
기후변화는 생물 다양성에도 큰 영향을 미치고 있다. 최근 연구에 따르면, 기후변화로 인해 많은 종들이 멸종 위기에 처해 있으며, 서식지 파괴와 기온 상승이 주요 원인으로 지목되고 있다. 특히, 북극곰, 산호초, 아마존 열대우림 등 다양한 생태계가 기후변화로 인해 심각한 위협을 받고 있다. 이에 따라, 국제사회는 기후변화와 생물 다양성 보호를 동시에 달성하기 위한 노력을 강화하고 있다. 예를 들어, 유엔은 '생물 다양성 협약'을 통해 전 세계 국가들이 생물 다양성 보호를 위해 협력하도록 촉구하고 있다.

문제 1 답변 구성

서론	인사말	
	내용	
본론		
결론		

문제 2: 다음은 지방 소멸 대응에 대한 내용이다. 다음 자료를 읽고 지방 소멸 대응 방안에 대해 발표하시오.

주제: 지방 소멸 대응 방안

보도자료 1: 지방 소멸 위기의 현실

지방 소멸은 현재 한국 사회에서 심각한 문제로 대두되고 있다. 인구 감소와 고령화로 인해 지방의 경제 활동이 위축되고 있으며, 이는 지역 사회의 소멸로 이어질 수 있다. 통계청에 따르면, 2019년 기준으로 228개 시군구 중 93개 지역이 소멸 위기에 처해 있다. 특히, 젊은 층의 도시 유출과 출산율 저하로 인해 인구 감소가 가속화되고 있다. 지방 소멸을 막기 위해 정부는 다양한 대책을 마련하고 있으며, 특히 청년층의 유입과 정착을 위한 정책이 강조되고 있다. 예를 들어, 청년 창업 지원, 주거 지원, 교육 및 문화 시설 확충 등이 주요 정책으로 추진되고 있다.

보도자료 2: 지방 활성화를 위한 정부 정책

한국 정부는 지방 소멸을 막기 위해 지방 활성화 정책을 추진하고 있다. 청년층의 유입과 정착을 위해 주거 지원, 일자리 창출, 교육 및 문화 시설 확충 등의 정책을 시행하고 있다. 예를 들어, '청년 희망 프로젝트'는 청년들이 지방에 정착할 수 있도록 주거비 지원, 창업 지원, 취업 연계 등을 제공하고 있다. 또한, 지역 경제 활성화를 위해 소상공인 지원, 관광 산업 육성, 농업 및 어업 지원 등의 다양한 대책을 마련하고 있다. '지역 균형 뉴딜' 정책은 지방 경제를 활성화하고 지역 간 불균형을 해소하기 위해 추진되고 있으며, 이를 통해 지방자치단체의 자율성과 창의성을 강화하고 지역 특성에 맞는 발전 전략을 수립할 수 있도록 지원하고 있다.

보도자료 3: 지방 소멸 대응을 위한 지역 커뮤니티의 역할
지방 소멸 위기에 대응하기 위해 지역 커뮤니티의 역할이 중요하다. 지역 주민들은 지방 소멸 문제를 해결하기 위해 자발적으로 다양한 활동을 전개하고 있다. 예를 들어, 지역 주민들이 주도하는 '마을 만들기' 프로젝트는 지역 사회의 활력을 되찾기 위한 노력의 일환으로 추진되고 있다. 이 프로젝트는 주민들이 직접 참여하여 마을의 문제를 해결하고, 공동체 의식을 강화하며, 지역 경제를 활성화하는 데 기여하고 있다. 또한, 지역 커뮤니티는 청년층의 유입을 촉진하기 위해 다양한 문화 행사와 교육 프로그램을 운영하고 있으며, 이를 통해 지역 사회의 지속 가능한 발전을 도모하고 있다.

문제 2 답변 구성

서론	인사말	
	내용	
본론		
결론		

(6) PT면접을 준비하기 위해 알아야 할 공공기관 외부환경

① 공기업 PT면접에서 외부환경에 대한 이해와 분석은 매우 중요하다. 이는 지원자가 공기업이 직면한 환경적, 사회적, 기술적 변화를 이해하고 이에 대응할 수 있는 능력을 알려 줄 수 있기 때문이다. 또한 현재 공공기관은 외부환경에 대응하기 위한 노력을 기울이고 있다.
② 현재 가장 중요한 외부환경은 기후변화 대응, 지역 소멸 대응, 인공지능의 발전과 디지털 전환에 대한 부분으로 이에 대해 알아보도록 하겠다.

기후변화 대응

1. **기후변화 대응**: 기후변화는 현대 사회가 직면한 가장 큰 도전 중 하나로, 공기업은 이에 대응하기 위해 다양한 전략을 채택하고 있다. 이는 환경 보호와 지속 가능한 발전을 위해 필수적이다.

2. **기후변화의 영향**
① **환경적 영향**
   - 해수면 상승: 기후변화로 인한 극지방의 빙하 녹음으로 해수면이 상승하고 있다. 이는 저지대 해안 지역의 침수와 생태계 파괴를 초래한다.
   - 이상기후: 기후변화는 더 빈번하고 극단적인 날씨 패턴을 초래한다. 예를 들어, 폭염, 홍수, 가뭄 등이 빈번해지며 이는 생태계와 인간 생활에 큰 영향을 미친다.
   - 생물 다양성 감소: 기후변화는 서식지 파괴와 기온 상승으로 인해 많은 종의 멸종을 가속화하고 있다.

② **경제적 영향**
   - 농업 및 식량 생산 감소: 기후변화로 인한 이상기후는 농작물 생산에 큰 타격을 주며, 이는 식량 가격 상승과 식량 안보 문제를 초래한다.
   - 재정적 부담 증가: 자연재해로 인한 복구 비용과 보험료 인상은 정부와 개인에게 큰 재정적 부담을 가중시킨다.
   - 에너지 비용 증가: 극한 날씨로 인해 에너지 수요와 공급에 차질이 생기며, 이는 에너지 비용 상승을 초래한다. 또한, 재생 가능 에너지로의 전환이 요구된다.
   - 산업 변화: 기후변화는 일부 산업에 부정적 영향을 미치는 반면, 친환경 산업의 성장을 촉진하여 경제 구조에 변화를 일으킨다.
   - 글로벌 경제 불균형 심화: 기후변화는 특히 개발도상국에 큰 경제적 타격을 주어 국가 간 경제적 격차를 확대시킨다.

③ **사회적 영향**
   - 건강 문제: 기후변화는 열사병, 호흡기 질환, 수인성 질병 등의 건강 문제를 악화시킨다.
   - 이재민 발생: 기후변화로 인한 자연재해는 이재민을 발생시키고, 사회적 불안정을 초래한다.
   - 사회적 불평등: 기후변화의 영향은 주로 취약 계층에 집중되며, 이는 사회적 불평등을 심화시킨다.

3. **공공기관의 대응 전략**
① **재생에너지 확대**
   - 태양광 발전: 태양광 패널 설치를 통해 재생에너지 비중을 높인다. 한국전력공사는 태양광 발전소를 확장하고 있다.
   - 풍력 발전: 해상 및 육상 풍력 발전소를 설치하여 친환경 에너지를 생산한다. 한국수력원자력은 풍력 발전소를 운영하고 있다.
   - 수소 에너지: 수소 연료 전지 기술을 개발하고, 이를 기반으로 한 에너지 시스템을 구축한다.

② 에너지 효율 향상
- 스마트 그리드 도입: 스마트 그리드 기술을 통해 에너지 사용의 효율성을 높인다. 이는 전력의 공급과 수요를 실시간으로 조절하여 에너지 낭비를 줄인다.

③ 친환경 기술 개발
- 탄소 포집 및 저장(CCS): 탄소 배출을 줄이기 위해 탄소를 포집하고 저장하는 기술을 개발한다. 포스코와 한국전력은 CCS 기술을 연구하고 있다.
- 에너지 저장 시스템(ESS): 재생에너지의 변동성을 해결하기 위해 에너지 저장 시스템을 도입한다. LG화학과 SK이노베이션은 ESS 기술을 상용화하고 있다.

④ 탄소중립 목표 설정
- 장기 목표 설정: 2050년까지 탄소중립을 목표로 설정하고, 이를 달성하기 위한 로드맵을 마련한다. 이는 국제적인 기후 협약에 부응하고, 지속 가능한 발전을 추구한다.
- 중간 목표: 2030년까지 탄소 배출을 일정 수준으로 감축하는 중간 목표를 설정하여 점진적으로 탄소중립을 달성한다.

4. 사례 분석

① 한국전력공사
- 탄소중립 선언: 한국전력공사는 2050년까지 탄소중립을 목표로 설정하고, 재생에너지 확대와 스마트 그리드 도입을 통해 이를 실현하고 있다.
- 태양광 및 풍력 발전소: 한국전력공사는 국내·외에 태양광 및 풍력 발전소를 확장하여 재생에너지 비중을 높이고 있다.

② 한국수자원공사
- 물 재활용: 한국수자원공사는 물 부족 문제를 해결하기 위해 물 재활용 기술을 개발하고, 이를 산업 현장에 도입하고 있다.
- 열 에너지: 하천과 댐에서 수열 에너지를 활용하여 냉·난방에 이용하는 기술을 개발하고 있다.

5. 정리

기후변화 대응은 단순히 환경 보호를 넘어 경제적·사회적 안정성을 위한 필수적인 과제이다. 공공기관은 재생에너지 확대, 에너지 효율 향상, 친환경 기술 개발, 탄소중립 목표 설정 등을 통해 적극적으로 대응해야 한다. 이러한 전략은 지속 가능한 발전을 도모하며, 기후변화로 인한 부정적인 영향을 최소화 할 수 있다. PT면접에서 이런 외부환경 분석을 통해 공공기관을 분석한다면 면접관에게 긍정적인 인상을 줄 수 있을 것이다.

지방 소멸 대응

1. **지방 소멸 대응**: 지방 소멸은 인구 감소와 고령화로 인해 지방의 경제와 사회 구조가 붕괴하는 현상으로, 이는 한국뿐만 아니라 전 세계 여러 나라가 직면한 심각한 문제이다. 지방 소멸은 지역 경제의 침체와 인구 유출을 초래하며, 이는 결국 국가 전체의 균형 발전을 저해한다. 공기업은 지방 소멸 문제를 해결하고 지역 균형 발전을 위해 적극적인 역할을 해야 한다.

2. **지방 소멸의 원인**
   ① **인구 감소**
   - 저출산: 출산율 감소로 인해 지역 사회의 인구가 지속적으로 줄어들고 있다. 이는 젊은 세대의 인구 감소로 이어져 장기적으로 노동력 부족 문제를 야기한다.
   - 인구 유출: 젊은 층이 일자리와 교육 기회를 찾아 도시로 이동하면서 지방의 인구가 감소하고 있다. 이는 지역 경제와 사회의 활력을 떨어뜨린다.

   ② **고령화**
   - 고령 인구 증가: 젊은 층의 유출로 인해 지방에는 고령 인구의 비율이 높아지고 있다. 이는 노동력 부족 문제를 심화시키고, 지역 경제 활동이 위축되게 만든다.
   - 노동력 부족: 고령화로 인해 노동 가능 인구가 줄어들어 지역 경제가 위축되고, 지역 사회의 유지가 어려워진다.

   ③ **경제 침체**
   - 산업 기반 약화: 지방의 전통 산업이 쇠퇴하면서 경제 활동이 감소하고 있다. 이는 지역 주민들의 경제적 어려움을 가중시킨다.
   - 소득 격차: 도시와 지방 간의 소득 격차가 커지면서 지방 경제가 더욱 어려워지고, 지역 주민들의 생활 수준이 낮아지고 있다.

3. **공공기관의 대응 전략**
   ① **지역경제 활성화**
   - 일자리 창출: 지방에 새로운 일자리와 경제 기회를 창출하여 인구 유출을 막아야 한다. 공기업은 지방에 생산 시설을 건설하거나, 현지 기업과 협력하여 일자리를 제공해야 한다.
   - 지역 특화 산업 육성: 각 지방의 특성을 살린 특화 산업을 육성하여 지역 경제를 활성화해야 한다. 예를 들어, 농업, 어업, 관광 산업 등을 지원해야 한다.

   ② **인프라 투자**
   - 교통 인프라 개선: 도로, 철도, 공항 등 교통 인프라를 개선하여 지방의 접근성을 높여야 한다. 이는 물류비용 절감과 지역 경제 활성화에 기여할 수 있다.
   - 통신 인프라 구축: 고속 인터넷과 같은 통신 인프라를 구축하여 디지털 격차를 해소하고, 지방에서도 첨단 산업이 발전할 수 있도록 해야 한다.

③ **청년 유입 정책**
- 주거 지원: 지방으로의 청년 유입을 유도하기 위해 주거 지원 정책을 시행해야 한다. 예를 들어, 저렴한 주택 제공, 주거비 지원 등이 있다.
- 교육 지원: 지방의 교육 인프라를 강화하여 교육 기회를 확대해야 한다. 대학 및 직업 훈련 시설을 확충하여 청년들의 교육 및 취업 기회를 제공해야 한다.
- 창업 지원: 지방에서 창업을 유도하기 위한 다양한 지원 정책을 시행해야 한다. 예를 들어, 창업 자금 지원, 창업 공간 제공, 멘토링 프로그램 운영 등이 있다.

4. 사례분석
① **한국토지주택공사(LH)**
- 도시 재생 사업: LH는 낙후된 지방 도시를 재생하여 주거 환경을 개선하고, 지역 경제를 활성화하고 있다. 예를 들어, 노후 주거지를 정비하고, 상업 시설과 공공 공간을 조성하여 지역 주민의 삶의 질을 높이고 있다.
- 청년 주거 지원: LH는 지방에 청년 주거단지를 조성하여 청년들의 정착을 돕고 있다. 저렴한 임대료와 다양한 편의 시설을 갖춘 청년 주거단지를 통해 지방 청년들의 주거 안정을 지원하고 있다.

② **한국철도공사**
- 철도 인프라 확충: KORAIL은 지방의 철도 인프라를 확충하여 접근성을 높이고, 지역 경제를 활성화하고 있다. 예를 들어, 새로운 철도 노선 개설, 기존 노선의 업그레이드, 고속철도 도입 등을 통해 지방과 도시를 연결하고 있다.
- 지역 특화 열차 운영: 지방의 특색을 살린 관광 열차를 운영하여 지역 관광을 활성화하고 있다. 예를 들어, 전통문화 체험 열차, 농산물 직거래 열차, 계절별 테마 열차 등을 운영하여 지역 경제에 기여하고 있다.

5. 정리
지방 소멸 대응은 지역 균형 발전과 국가 전체의 지속 가능한 성장을 위해 매우 중요한 과제이다. 공기업은 지역 경제 활성화, 인프라 투자, 청년 유입 정책, 사회 서비스 확대 등을 통해 지방 소멸 문제를 해결하고, 지역의 경쟁력을 강화해야 한다. 이러한 전략은 지역 주민들의 삶의 질을 향상시키고, 국가 전체의 균형 발전을 도모하는 데 기여할 것이다. PT면접에서 이런 외부환경 분석을 통해 공공기관을 분석한다면 면접관에게 긍정적인 인상을 줄 수 있을 것이다.

인공지능의 발전과 디지털 전환

1. **인공지능의 발전과 디지털 전환**: 인공지능(AI)과 디지털 전환은 현대 사회의 모든 분야에 걸쳐 큰 변화를 불러오고 있다. 이는 공기업이 더욱 효율적이고 혁신적으로 운영될 수 있도록 돕는 중요한 기술적 도구이다. 공공기관은 이러한 기술 변화를 적극적으로 수용하고, 디지털 혁신을 주도해야 한다.

2. **인공지능의 발전**
① **자동화**
   - 효율성 증대: AI는 반복적이고 규칙적인 작업을 자동화하여 업무 효율성을 크게 향상시키고 있다. 예를 들어, 채팅봇을 통한 고객 서비스 자동화, 문서 분류 및 데이터 처리 자동화 등이 있다.
   - 비용 절감: 자동화를 통해 인건비를 절감하고, 운영 비용을 줄일 수 있다. 이는 공기업이 예산을 더 효과적으로 사용할 수 있도록 한다.

② **데이터 분석**
   - 빅데이터 활용: AI는 방대한 데이터를 분석하여 유의미한 결과를 도출한다. 이를 통해 정책 결정과 전략 수립이 더욱 과학적이고 객관적으로 이루어질 수 있다.
   - 예측 분석: AI는 과거 데이터를 기반으로 미래를 예측하는 능력을 갖추고 있다. 예를 들어, 교통 흐름 예측, 에너지 수요 예측 등을 통해 사전에 대비할 수 있다.

③ **맞춤형 서비스**
   - 개인화 서비스: AI를 활용한 개인 맞춤형 서비스 제공이 가능해지면서 고객 만족도를 높일 수 있다. 예를 들어, 맞춤형 건강 관리 서비스, 개인화된 교육 프로그램 등이 있다.
   - 고객 관계 관리: AI는 고객의 요구를 분석하고, 이에 맞춘 서비스를 제공하여 고객 관계를 더욱 강화할 수 있다.

3. **디지털 전환의 중요성**
① **효율성 향상**
   - 디지털 업무 환경: 디지털 전환을 통해 종이 문서와 수작업을 줄이고, 전자 문서와 자동화 시스템을 도입하여 업무 효율성을 높인다.
   - 원격 근무: 디지털 전환은 원격 근무와 협업을 용이하게 하여 유연한 근무 환경을 조성한다. 이는 특히 팬데믹 상황에서 매우 중요한 요소이다.

② **고객 서비스 개선**
   - 온라인 서비스 제공: 디지털 기술을 통해 온라인 서비스를 제공하여 고객 편의를 증대시킨다. 예를 들어, 전자정부 서비스, 온라인 민원 처리 시스템 등이 있다.
   - 소셜 미디어 활용: 소셜 미디어를 통해 고객과의 소통을 강화하고, 실시간 피드백을 통해 서비스를 개선할 수 있다.

③ 혁신 촉진
- 새로운 비즈니스 모델: 디지털 기술을 기반으로 새로운 비즈니스 모델을 창출하고, 기존 비즈니스 모델을 혁신할 수 있다. 예를 들어, 공유 경제, 구독 서비스 등이 있다.
- 스타트업 협력: 디지털 전환을 위해 IT 기업, 스타트업 등과 협력하여 혁신적인 기술을 도입한다. 이를 통해 공공기관도 민간 부문과 함께 성장할 수 있다.

4. 공공기관의 대응 전략
① AI 도입 및 활용
- 업무 자동화: AI를 도입하여 반복적이고 규칙적인 업무를 자동화한다. 예를 들어, 금융 공기업에서는 AI를 활용한 자동 대출 심사 시스템을 운영할 수 있다.
- 데이터 기반 의사 결정: AI를 통해 수집된 데이터를 분석하여 정책 결정과 전략 수립에 활용한다. 예를 들어, 교통 공기업에서는 AI를 통해 교통량 데이터를 분석하고, 효율적인 교통 관리 방안을 도출할 수 있다.

② 디지털 인프라 구축
- 클라우드 컴퓨팅 도입: 클라우드 기반의 IT 인프라를 구축하여 유연성과 확장성을 높인다. 이는 데이터 저장 및 처리 능력을 강화하고, IT 비용을 절감할 수 있다.
- 스마트 시티 구현: 공기업은 스마트 시티 프로젝트를 통해 도시의 디지털화를 추진한다. 예를 들어, 스마트 교통 시스템, 스마트 에너지 관리 시스템 등을 도입한다.

③ 디지털 역량 강화
- 직원 교육 및 훈련: 직원들의 디지털 역량을 강화하기 위해 교육 및 훈련 프로그램을 운영한다. 예를 들어, AI, 빅데이터 분석, 사이버 보안 등에 대한 전문 교육을 제공한다.
- 디지털 리더십 육성: 디지털 전환을 이끌 수 있는 리더를 육성하여 조직 전체의 디지털 전환을 촉진한다.

4. 사례 분석
① 한국전력공사
- 스마트 그리드 도입: 한국전력공사는 스마트 그리드 기술을 도입하여 전력 관리의 효율성을 높이고, 고객 맞춤형 서비스를 제공하고 있다. 스마트 미터를 통해 실시간 전력 사용 데이터를 수집하고, 이를 바탕으로 에너지 절감 방안을 제시하고 있다.
- AI 기반 전력 수요 예측: AI를 활용하여 전력 수요를 예측하고, 이를 통해 전력 공급 계획을 최적화하고 있다. 이를 통해 전력 공급의 안정성을 높이고, 에너지 낭비를 줄이고 있다.

② 국민건강보험공단
- AI 활용 건강 관리 서비스: 국민건강보험공단은 AI를 활용한 건강 관리 서비스를 제공하여 국민의 건강 증진에 기여하고 있다. AI를 통해 건강 데이터를 분석하고, 개인 맞춤형 건강 관리 방안을 제시하고 있다.

- 디지털 헬스케어 플랫폼: 디지털 헬스케어 플랫폼을 구축하여 국민이 온라인으로 건강 상담, 진료 예약, 의료 기록 조회 등을 할 수 있도록 지원하고 있다.

5. 정리

인공지능의 발전과 디지털 전환은 공공기관이 더 효율적이고 혁신적으로 운영될 수 있도록 돕는 중요한 요소이다. 공공기관은 AI 도입 및 활용, 디지털 인프라 구축, 디지털 역량 강화를 통해 디지털 혁신을 주도해야 한다. 이러한 전략은 공공기관이 직면한 다양한 과제를 해결하고, 국민에게 더 나은 서비스를 제공하는 데 중요한 역할을 할 것이다. PT면접에서 이런 외부 환경 분석을 통해 공공기관을 분석한다면 면접관에게 긍정적인 인상을 줄 수 있을 것이다.

취업강의 1위, 해커스잡
ejob.Hackers.com

01 목표 기업 잡기

(1) 목표 기업을 만들어야 하는 이유

공공기관 취업을 준비하는 과정에서 목표로 하는 공공기관을 찾는 것은 매우 중요하다. 이는 단순히 채용 과정의 첫 단계가 아니라, 준비 과정에서 집중력을 강화할 수 있기 때문이다. 또한 효과적인 자기소개서 작성에 도움이 되며, NCS 직업기초능력 시험 준비, 마지막으로 효과적인 면접 준비에도 도움이 될 수 있기 때문이다.

또한 목표기업은 필기를 준비하기 전에 만들어 놓는 것이 좋으며, 필기를 준비하면서 성과가 보이기 시작한다면 기업분석을 미리 해 두는 것이 좋다.

① **효과적인 자기소개서 작성**
- 목표 공공기관을 설정하면 효과적인 자기소개서 작성에 큰 도움이 된다. 이는 해당 기관의 특성과 요구 사항에 맞춘 맞춤형 자기소개서를 작성할 수 있게 해주기 때문이다.
- **맞춤형 자기소개서 작성**: 목표 기관의 요구 역량과 특성에 맞춰 자기소개서를 작성할 수 있다. 이는 지원자의 강점과 경험을 효과적으로 어필할 수 있는 기회를 제공한다.
- **구체적 사례 제시**: 목표 기관과 관련된 구체적인 경험과 사례를 제시함으로써, 지원자의 진정성과 준비성을 보여줄 수 있다.

② **NCS 직업기초능력 시험 준비**
- 목표 공공기관을 설정하면 NCS 직업기초능력 시험 준비에도 큰 도움이 된다. 이는 해당 기관과 관련된 지문이 많이 출제되기 때문이다.
- **기관 관련 지문 분석**: 목표 기관과 관련된 자료를 미리 분석하여, NCS 직업기초능력 시험에서 나올 수 있는 지문을 준비할 수 있다.

- **직업기초능력 강화**: 목표 기관의 업무와 관련된 역량을 중심으로 NCS 직업기초능력을 강화할 수 있다.

③ 효과적인 면접 준비
- 목표 공공기관을 설정하면 면접 준비를 효과적으로 할 수 있다. 이는 해당 기관의 특성과 요구 사항에 맞춘 맞춤형 준비가 가능해지기 때문이다.
- **기관 맞춤형 준비**: 목표 기관의 요구 역량과 특성을 깊이 있게 이해하고, 이에 맞춘 준비를 할 수 있다. 이는 면접에서 자신감을 높이고, 면접관에게 긍정적인 인상을 줄 수 있다.
- **구체적 사례 준비**: 목표 기관에 맞춘 구체적인 사례와 경험을 준비하여 면접에서 효과적으로 자신의 강점을 어필할 수 있다. 예를 들어, 특정 프로젝트 경험이나 관련 자격증 등을 준비할 수 있다.

(2) 목표기업 선정 방법

공공기관의 목표기업을 선정하는 경우는 매우 많은 방법이 있다. 대부분 자신의 스펙을 따라가는 경우나 혹은 자신의 지역을 따라가는 경우, 혹은 전공 시험을 따라가는 경우 등 매우 많은 요소가 여기에 들어간다. 그렇기 때문에 여기에서는 다양한 방법을 제시하고 그에 따른 기업 선정 요소를 알려 주려고 한다.

① **기술직렬**: 전기, 기계, 토목, 건축, 전산 등
- 이 직렬은 에너지 발전 공기업이나 SOC 공기업이 가장 맞는 공공기관이라고 할 수 있다. 이를 표로 나타내면 다음과 같은 공공기관이 있다.

NCS 직업기초능력 +전기 (전기직)	한국가스공사, 마사회, 국민체육진흥공단, 수도권매립지관리공사, 한국수자원공사, 한국공항공사, 공무원연금공단, 농어촌공사, KORAIL, 서부발전, 남부발전, 중부발전, 남동발전, 동서발전, 전력거래소, 원자력환경공단, 중소벤처기업진흥공단, 한국수력원자력, 한전KPS, 한전KDN, 수도권매립지관리공사, 한국해외인프라도시개발지원공사, 국가철도공단, 전기안전공사, 도로공사, 새만금개발공사, 가스기술공사, 한전원자력연료, 지역난방공사, 한국전력기술주식회사, 한국공항공사, 한국환경공단, 부산항만공사, 한국석유공사, LH공사, 도로교통공단 등
NCS 직업기초능력 +토목 (토목직)	인천국제공항공사, 수도권매립지관리공사, 국토안전관리원, 한국해외인프라도시개발지원공사, 한국수자원공사, 한국공항공사, 국립공원공단, 공무원연금공단, 농어촌공사, KORAIL, 남부발전, 중부발전, 남동발전, 서부발전, 동서발전, 울산항만공사, 여수광양항만공사, 한국수력원자력, 지역난방공사, 해양환경공단, 한국환경공단, 석유공사, LH, 도로교통공단 등
NCS 직업기초능력 +기계 (기계직)	한국가스공사, 마사회, 국민체육진흥공단, 수도권매립지관리공사, 한국수자원공사, 한국공항공사, 공무원연금공단, 농어촌공사, KORAIL, 서부발전, 남부발전, 중부발전, 남동발전, 동서발전, 전력거래소, 원자력환경공단, 중소벤처기업진흥공단, 한국수력원자력, 한전KPS, 한전KDN, 수도권매립지관리공사, 한국해외인프라도시개발지원공사, 국가철도공단, 전기안전공사, 도로공사, 새만금개발공사, 가스기술공사, 한전원자력연료, 지역난방공사, 한국전력기술주식회사, 한국공항공사, 한국환경공단, 부산항만공사, 한국석유공사, LH공사, 도로교통공단, 가스안전공사 등
NCS 직업기초능력 +건축 (건축직)	인천국제공항공사, 수도권매립지관리공사, 국토안전관리원, 한국해외인프라도시개발지원공사, 한국수자원공사, 한국공항공사, 국립공원공단, 공무원연금공단, 농어촌공사, KORAIL, 남부발전, 중부발전, 남동발전, 서부발전, 동서발전, 울산항만공사, 여수광양항만공사, 한국수력원자력, 지역난방공사, 해양환경공단, 한국환경공단, 석유공사, LH, 도로교통공단, 그랜드코리아레저, 한국전력기술주식회사 등

② 기술직 중 전공이 특수한 경우
- 이런 경우는 갈 수 있는 공기업이 많이 없다. 주로 수목(조경), 환경, 화공, 지질과 관련된 전공이 여기에 들어간다. 수목은 국립생태원, 국립공원관리공단 등에 주로 지원하며, 환경은 수자원공사, LH공사에 주로 지원한다. 화공은 에너지 발전 공공기관(특히 가스공사), 지질은 LX에 지원할 수 있다.

부동산 및 도시계획	한국부동산원, 한국해외인프라도시개발지원공사, 농어촌공사, 한국산업단지공단 등
화공, 신재생	한국가스공사, 중소벤처기업진흥공단, 서부발전, 한국산업단지공단, 남부발전 등
금속	중소벤처기업진흥공단 등
교육공학	중소벤처기업진흥공단 등
스포츠지도	국민체육진흥공단 등
환경	수도권매립지관리공사, 한국공항공사, 한국광해광업공단 등
지질	한국광해광업공단, 한국농어촌공사 등
지적	국토정보공사 등

③ 사무직 중에서 단일전공을 선정하는 경우
- 복수전공이나 부전공 혹은 전공자인 경우, 행정고시(경제학)를 준비한 경우
- SOC 공기업(철도, 항만, 공항, 관광, 수자원, 도시 등-도로공사 제외)과 관련된 학과나 그에 준하는 공부를 한 경우에 속할 경우
- 해당 지원하는 지역(지역인재인 경우)에 속해있는 공공기관에서 단일전공을 보는 공공기관이 많을 경우
- 위의 상황에 하나라도 부합한다면 단일전공(경영, 경제, 행정 중 택 1)을 택하는 것이 좋다.

NCS 직업기초능력 +단일전공 (경영, 경제, 법, 행정, 회계 중 택1)	서울대학교병원, 한국부동산원, 인천국제공항공사, 한국가스공사, 에너지경제연구원, 한국해양진흥공사, 한국마사회, 중소벤처기업진흥공단, 국민체육진흥공단, 국립부산과학관, 수도권매립지관리공사, KOBACO, 국토안전관리원, 한국해외인프라도시개발지원공사, 한국해양교통안전공단, SR, 한국수자원공사, 한국관광공사, 한국공항공사, 전북대학교병원, 경북대학교병원, 국립공원공단, 공무원연금공단, 사학진흥재단, 농어촌공사, KORAIL, 도로교통공단, 장애인기업종합지원센터, 코레일네트웍스, 코레일유통, 코레일테크, 제주대학교병원, 한국전력거래소, 국토정보공사, 해양환경공단, 소상공인시장진흥공단, 남북교류협력지원협회, 한국가스안전공사, 한국산업기술기획평가원, 한국산업은행, 신용보증기금(논술포함), 기술보증기금(논술포함), 한국수출입은행(논술포함), 예금보험공사(논술포함), 한국무역보험공사(논술포함), 한국주택금융공사, 한국벤처투자(논술포함), 서민금융진흥원 등

④ 사무직 중 상경/법정 통합전공을 선정하는 경우
- TESAT 등의 경영, 경제 기초를 준비한 경우
- 에너지/발전 등의 공공기관에 관심이 있는 경우
- 해당 지원하는 지역(지역인재인 경우)에 속해있는 공공기관에서 상경/법정 통합전공을 보는 공공기관이 많을 경우
- 위의 상황에 하나라도 부합한다면 상경/법정 통합전공을 택하는 것이 좋다.

NCS 직업기초능력 +상경/법정	한국서부발전, 한국산업단지공단, 남부발전, 마사회, 장학재단, 물산항만공사, 한국교통안전공단, 한국인터넷진흥원, 국가철도공단, 한국에너지공단, 한국보훈복지의료공단, 한국도로공사, 새만금개발공사, 공영홈쇼핑, 여수광양항만공사, 한국환경공단, 부산항만공사, 인천항만공사, 한국석유공사, 중소기업은행 등

⑤ 사무직 중에서 4통합전공을 선택하는 경우
- 사회복지를 전공하였거나 사회복지와 관련된 공부를 한 경우(국민연금, 근로복지공단을 준비하기 위함 → 사회보장론/사회복지학 전공이 있음)
- 근로복지공단이나 국민연금을 희망하고 있는 경우
- 4통합전공을 보는 공공기관을 희망하고 있는 경우
- 위의 상황에 하나라도 부합한다면 4통합전공을 택하는 것이 좋다.

NCS 직업기초능력 +통합전공 (경영+경제+법 +행정)	한국중부발전, 원자력환경공단, 동서발전, 한국수력원자력, 한국전기안전공사, 건강보험심사평가원, 한국디자인진흥원, 한국소비자원, 강원랜드, 한국가스기술공사, 국민연금공단, 지역난방공사, 한국전력기술주식회사, 제주국제자유도시개발센터(JDC), 근로복지공단, 한국노인인력개발원, 한국사회보장정보원, 민주화운동기념사업회, 한국체육산업개발 등

⑥ 사무직 중에서 전공을 보지 않는 경우를 선택하는 경우
- 전공 공부 자체가 부담이 되고, NCS 직업기초능력을 따라가는 것도 버거운 경우
- 건강보험공단만 노리는 요양직이나 교직원 취업을 병행하고 있는 경우
- 어학, 자격증 등의 스펙이 높은 경우
- 위의 상황에 하나라도 부합한다면 전공을 고르지 않아도 무관하다.

NCS 직업기초능력만 보는 곳	국방과학연구소, 한국원자력안전기술원, 한국과학창의재단, 정보통신정책연구원, 서울대학교치과병원, 한국과학기술연구원, 국방기술품질원, 국토연구원, 남동발전, 한국교육과정평가원, 창업진흥원, 한국개발연구원, 한국교육개발원, 한국고전번역원, 국립광주과학관, 한국교통연구원, 농업정책보험금융원, 한국전력공사, 국민건강보험공단(건보법포함), 세종학당재단(보고서 작성 포함), 한국폴리텍대학(일반상식포함), 한국문화재재단, 사립학교교직원연금공단(논술포함), 한국국제협력단(논술포함), 한국농수산식품유통공사(논술포함), 국가평생교육진흥원, 한국조폐공사, 한국보건산업진흥원(논술포함), KOTRA(논술 포함), 한국에너지재단, 농업정책보험금융원 등

02 홈페이지를 활용하여 공공기관 분석하기

기업을 선택했다면 이제 기업 분석 방법을 통해 자신이 가고 싶은 기업을 분석해 보자. 특히 공공기관은 홈페이지가 잘 되어 있기 때문에 홈페이지를 통해 기업 분석하는 방법을 제시해 보겠다.

(1) CEO 인사말 분석

① CEO 인사말을 통해 공공기관의 철학과 방향성을 이해하고, 공공기관이 중요하게 생각하는 외부환경과 주요 사업에 대해 정리할 수 있다.
② 대부분의 CEO 인사말은 '연혁과 목표-외부환경-그에 따른 주요사업 및 정책-미션 및 비전'으로 되어 있기 때문에 이를 잘 정리만 하더라도 해당 공공기관의 방향성을 정확하게 알 수 있다.

한국전력의 CEO 인사말

반갑습니다. 한국전력을 찾아주셔서 감사합니다.

한국전력은 '세계 최고품질의 전기'를 '세계 최저수준의 가격'에 안정적으로 공급하며 국가경제와 함께 꾸준히 성장해 왔습니다.

하지만 최근 한전은 에너지 패러다임의 급격한 변화를 겪고 있습니다. 국제공급망의 붕괴와 글로벌 무한경쟁의 심화로 재무위기가 극심해졌으며, 탄소중립, 에너지전환, 디지털변환, 그리고 에너지안보 강화 등 새로운 도전에 직면해 있습니다.

위기극복을 위해 저희 한전은 에너지 신산업과 신기술 생태계를 주도하고, 신재생에너지 사업 적극 추진, 제2의 원전 수출 등에 주력할 계획입니다. 국가경쟁력과 직결되는 전력망을 선제적으로 구축하고, 모든 전력산업 현장에서 안전을 최우선으로 지켜가겠습니다.

앞으로 저희 한전은 '제2의 창사'라는 각오를 다지며 '글로벌 종합 에너지기업'으로 거듭나겠습니다.

따뜻한 관심과 응원을 부탁드립니다.

감사합니다.

CEO 인사말 분석

구분	내용
연혁 및 목표	한국전력은 '세계 최고품질의 전기'를 '세계 최저수준의 가격'에 안정적으로 공급하며 국가경제와 함께 꾸준히 성장해 왔습니다.
외부환경	국제공급망의 붕괴와 글로벌 무한경쟁의 심화로 재무위기가 극심해졌으며, 탄소중립, 에너지전환, 디지털변환, 그리고 에너지안보 강화 등 새로운 도전에 직면해 있습니다.
주요사업 및 정책	위기극복을 위해 저희 한전은 에너지 신산업과 신기술 생태계를 주도하고, 신재생에너지 사업 적극 추진, 제2의 원전 수출 등에 주력할 계획입니다. 국가경쟁력과 직결되는 전력망을 선제적으로 구축하고, 모든 전력산업 현장에서 안전을 최우선으로 지켜가겠습니다.
미션 및 비전	저희 한전은 '제2의 창사'라는 각오를 다지며 '글로벌 종합 에너지기업'으로 거듭나겠습니다.

(2) 주요 사업과 연관된 사업 및 내용 정리

사업을 스스로 정리하는 것만으로도 사업의 이해도를 높일 수 있다.

사업	세부사업	내용
국내 사업	송·변전사업	• 전국을 거미줄처럼 연결하는 다중 환상망(Multi-loop) 형식의 송·변전 계통을 구축, 운영 • 1990년부터 단계적으로 765kV 대전력 송전망 구축을 통해 안정된 전력 공급망 확보 • 대형고장 예방을 위해 도심지 지하 다회선 전력구 내 케이블 감시시스템 설치, 송전선로 GPS 좌표를 활용한 자율비행 드론, 변전소 설비점검용 로봇 개발 추진
	배전사업	• 'KEPCO - A Smart Energy Creator'라는 비전을 가지고 배전설비 확충과 우수한 전력 공급을 통한 신뢰도 향상 • 전력 설비의 지중화 작업을 통한 편의성 확보
	전력판매	• 6개의 발전회사와 민간발전회사, 구역전기사업자가 생산한 전력을 전력거래소에서 구입하여 일반 고객에게 판매 • 낮은 전기요금과 우수한 전력품질 공급(세계 146개국을 대상으로 한 평가 결과 주파수와 전압 유지 정도에서 최고점수 획득)
	수요관리	• 정의: 최소의 비용으로 소비자의 전기에너지 서비스 욕구를 충족시키기 위하여 소비자의 전기 사용 패턴을 합리적인 방향으로 유도하기 위한 제반 활동 • 에너지자원 절약을 목적으로 최소 비용계획을 통해 공급과 수요의 최적 조합을 찾는 계획

해외 사업	발전사업	• 화력사업: 필리핀 말라야 중유발전 성능복구 운영사업을 시작으로 필리핀, 사우디아라비아, UAE, 요르단, 멕시코, 베트남, 남아공, 말레이시아 등으로 화력발전사업을 전개 • 원자력 사업: (한국) 2018년 현재 24기의 원전을 운영하고 5기를 건설하고 있다. 수출형 원전은 APR1400 모델이고 UAE에도 동일한 모델이 적용되어 4기의 원전이 건설 중이다. • 신재생에너지 사업: 태양광, 풍력을 중심으로 미국 콜로라도(태양광), 미국 괌(태양광), 일본 치토세(태양광), 중국 내몽고(풍력), 요르단(풍력) 등으로 발전설비 가동
	송배전사업	• 송배전망 건설, 컨설팅 등 기존 사업 분야 외에도 자동화시스템, 원격검침시스템, 기술 인력 양성사업 등 전력기술 수출 • 필리핀, 미얀마, 인도네시아, 리비아, 이집트, 파라과이, 우즈베키스탄 등의 시장 확보
	에너지신사업	• 스마트그리드, 마이크로그리드, 지리정보시스템, ESS 개발을 통한 해외 신에너지 시장 선점 • 두바이, 캐나다, 나이지리아, 부탄, 도미니카공화국, 몽골, 에티오피아 등으로 확산
에너지 신사업	마이크로 그리드	• 정의: 소규모 지역에서 전력을 자급자족 할 수 있는 스마트그리드 시스템을 말한다. • 가파도 탄소제로섬 구축사업 전개
	스마트에너지 타운	• 본사 신사옥 Hybrid ESS 기반 K-BEMS 구축
	스마트 그리드	• 제주 실증사업 성과 사업화 및 스마트 그리드 확산기반 마련으로 미래성장동력 창출

(3) 사업과 역량을 연결하기

① 공고문에 있는 'NCS 직무기술서'의 필요지식, 필요기술, 직무수행태도를 확인한다.

국가직무능력표준(NCS) 기반 채용 직무(사무)

근무처	본사	지역본부	지사	전력지사	기타
채용분야	V	V	V	V	V
	대분류	02. 경영·회계·사무			
	중분류	01. 기획사무	02. 총무·인사	03. 재무·회계	04. 생산·품질관리
	소분류	01. 경영기획	01. 총무	01. 재무	01. 생산관리
		02. 홍보·광고	02. 인사·조직	02. 회계	
		03. 마케팅	03. 일반사무		
	세분류	01. 경영기획 02. 경영평가	01. 총무 02. 자산관리 03. 비상기획	01. 예산 02. 자금	01. 구매관리
		01. PR 02. 광고	01. 인사 02. 노무관리	01. 회계·감사 02. 세무	
		02. 고객관리	02. 사무행정		

직무수행 내용	• 전력, 예산관리 조직·정원관리, 평가관리, 홍보, 감사, 법무 관련 업무 • 인력관리, 교육훈련 등 인사 관련 업무 • 급여, 복리후생, 보안 및 소방 등 노무 관련 업무 • 전기사용신청 접수, 공급방안 검토, 고객서비스 활동 • 검침, 전기요금 조정, 수납, 미수금 관리 등 수금 관련 업무, 수요관리(수요분석, 수요개발) 및 전력거래 업무 • 출납, 유가증권 관련 회계업무 및 국내·외 차입금 관련 자금업무 • 재무제표 작성 등 결산업무, 국세 및 지방세 관련 세무업무 • 부동산 관리, 용지 관리 등 자산관리·자재수급, 재고관리, 공급자 관리, 자재 시험 관리 등 자재 업무 • 물가조사, 자재 구매, 공사 및 용역계약 등 계약 관련 업무 • 해외사업개발 및 운영 관련 업무(발전, 원자력, 신재생, 자원 등)
필요지식	• (경영·경제) 경영환경 분석, 경영평가 방법론, 경영계획 수립 관련 이론, 마케팅 및 HRD 관련 지식, 전력 산업 트렌드 및 신재생에너지 관련 기초 지식 • (회계) 기초 회계 원리, 계정관리에 관한 지식, 재산세·부가세·법인세·재무제표 등 세무 관련 기초 지식 • (행정) 문서 작성·관리·기안 규정에 관한 지식, 업무 규정에 관한 지식 • (법률) 규정의 해석에 필요한 법규 일반지식, 채권관리 지식, 부동산 관련 법규 소송 관련 법률
필요기술	개념적·분석적 사고능력, 기획력, 고객 니즈 파악 및 대응 기술, 유관 부서 간 의견 조정 스킬, 설득 및 협상 기술, 프로세스 관리 능력, 커뮤니케이션을 위한 문서화 능력, 보고서 등 문서작성 및 관리 기법, 문서작성·통계처리·인터넷 검색 등을 위한 컴퓨터 활용 능력, 피벗·기본함수 등 통계 프로그램 활용 능력, 법규 이해·활용능력, 비즈니스 영문 레터 작성 및 비즈니스 영어 회화 구사 능력
직무수행 태도	세밀한 일처리 태도, 고객의 요청에 적극적으로 대응하려는 노력, 효율적 시간 관리, 정보 수집·관리 노력, 업무 네트워크 형성 노력, 문제 해결 및 환경 변화에 적극적으로 대처하려는 태도, 개선 및 혁신을 추구하는 태도, 공동의 목표를 위해 적극적으로 협조하려는 태도, 약관·지침을 준수하려는 의지, 청렴하고 공정한 업무 처리 태도
NCS 직업기초 능력	의사소통능력, 수리능력, 문제해결능력, 자원관리능력, 정보능력

필요자격	• 유효한 공인어학성적 700점(토익 기준) 이상 성적 보유자 - 해외 IR, 해외사업 수행, 해외사업 실적분석, 해외사업소 안전·보건·환경업무, 전력산업 수출, 국제협력·교류, 신사업 추진 등의 직무수행을 위한 최소한의 어학성적
참고	www.ncs.go.kr

② 직무기술서의 필요지식, 필요기술, 직무수행태도를 확인했다면 사업과 역량을 연결해 준다.
③ 이때, '사업'의 선정은 본인이 하고 싶거나 관심이 아는 사업 2~3개를 선정한다.
④ 사업에 어울릴만한 역량을 선택해서 연결해 준다. 이때, 역량을 연결할 때는 주관적으로 선택을 한다.

사업과 역량 연결 표

역량	필요지식	경영환경분석, 업무 규정에 관한 지식
	필요기술	고객 니즈 파악 및 대응, 문서화 능력
	직무수행태도	고객의 요청에 적극적으로 대응하려는 노력, 효율적 시간 관리
사업	전력판매사업, 전기차충전사업, 그린수소사업 등	

(4) 기업 분석 마무리

① 위의 세 가지를 모두 했다면 기업 분석은 여기서 마무리가 된다. 이렇게 간단하게 하는 이유는 '면접의 기초'이기 때문이다. 필기 완성도 되기 전에 기업 분석에 시간을 많이 투자하게 되면 하지 않을 확률이 높기 때문이다.
② 지금의 방법은 하루에 30분~1시간 정도 투자를 하면 일주일에 약 2~3개의 공공기관을 분석할 수 있다.

③ 마지막으로 하는 것은 위의 표를 모두 합치는 것이다. 위의 표를 합쳐 나만의 기업 분석 카테고리에 추가한다면 필기 합격을 하고 면접 대비에서 가장 기초가 되는 자료가 될 것이다.

기업 분석 템플릿 사례

CEO 인사말 정리	연혁 및 목표	한국전력은 '세계 최고품질의 전기'를 '세계 최저수준의 가격'에 안정적으로 공급하며 국가경제와 함께 꾸준히 성장해 왔습니다.	
	외부환경	국제공급망의 붕괴와 글로벌 무한경쟁의 심화로 재무위기가 극심해졌으며, 탄소중립, 에너지전환, 디지털변환, 그리고 에너지안보 강화 등 새로운 도전에 직면해 있습니다.	
	주요사업 및 정책	위기 극복을 위해 저희 한전은 에너지 신산업과 신기술 생태계를 주도하고, 신재생에너지 사업 적극 추진, 제2의 원전 수출 등에 주력할 계획입니다. 국가경쟁력과 직결되는 전력망을 선제적으로 구축하고, 모든 전력산업 현장에서 안전을 최우선으로 지켜가겠습니다.	
	미션 및 비전	저희 한전은 '제2의 창사'라는 각오를 다지며 '글로벌 종합 에너지기업'으로 거듭나겠습니다.	
사업정리	세부사업 목록 및 내용	송·변전사업	• 전국을 거미줄처럼 연결하는 다중 환상망(Multi-loop) 형식의 송·변전 계통을 구축, 운영 • 1990년부터 단계적으로 765kV 대전력 송전망 구축을 통해 안정된 전력 공급망 확보 • 대형고장 예방을 위해 도심지 지하 다회선 전력구 내 케이블 감시시스템 설치, 송전선로 GPS 좌표를 활용한 자율비행 드론, 변전소 설비점검용 로봇 개발 추진
		배전사업	• 'KEPCO - A Smart Energy Creator'라는 비전을 가지고 배전설비 확충과 우수한 전력 공급을 통한 신뢰도 향상 • 전력설비의 지중화 작업을 통한 편의성 확보

사업정리	세부사업 목록 및 내용	전력판매	6개의 발전회사와 민간발전회사, 구역전기사업자가 생산한 전력을 전력거래소에서 구입하여 일반 고객에게 판매
		전기차 충전사업	자체 전기차 충전서비스 브랜드 'KEPCO PLUG'를 출시하였고, 이용자에게 다양한 편의 서비스를 제공하고자 로밍 충전 서비스 'ChargeLink' 플랫폼 런칭을 통해 다양한 플랫폼 서비스를 확대
		태양광 발전사업	• 학교 옥상, 공공부지 및 산업단지의 유휴부지를 활용한 태양광과 765kV 송전선로 주변부지를 활용한 태양광 발전사업을 시행 • 농업과 태양광 발전의 병행을 통해 국토를 효율적으로 활용하고, 농가소득 증대에 도움이 되는 'KEPCO 영농형 태양광 기술모델 개발'을 추진
		그린수소 사업	세계적 탄소중립 달성을 위해 재생에너지를 연계한 MW급 그린수소 생산 프로젝트 등 친환경 에너지 정책을 추진
사업 및 역량연결	나의 역량	필요지식	경영환경분석, 업무 규정에 관한 지식
		필요기술	고객 니즈 파악 및 대응, 문서화 능력
		직무수행 태도	고객의 요청에 적극적으로 대응하려는 노력, 효율적 시간 관리
	필요사업		전력판매사업, 전기차충전사업, 그린수소사업 등

취업강의 1위, 해커스잡
ejob.Hackers.com

해커스 따라하면 합격하는 공기업 면접 전략

PART

기초가 완성되었다면 실전으로!
본격적인 채용 시즌에 실전 면접 준비

- #1 채용 공고 게시 후
- #2 필기시험 합격 후
- #3 실전 면접 맞춤형 대비전략

#1
채용 공고 게시 후

합격을 위해서는 필기만 신경 쓸 게 아니라 면접도 철저하게 준비해야 한다.
면접 준비는 철저한 계획과 꾸준한 연습이 필요하다. 1개월 차에는 기본적인 면접 매너와 태도를 익히고, 직무와 기업에 대한 이해를 높이는 데 중점을 두어야 한다.
2개월 차에는 모의 면접을 통해 실전 감각을 익히고, 피드백을 반영하여 답변을 다듬는 과정이 중요하다. 매일 30~40분 동안 집중적으로 연습하며, 휴식과 컨디션 관리도 잊지 말아야 한다. 철저한 준비를 통해 자신감을 높이는 연습을 하자.

실전 면접 대비 달력

구분	주차	준비전략
공고 직후	4주전	공고문에서 면접 전형을 확인하여 준비할 면접 유형을 파악하고, 준비할 범위를 설정한다. 이때 미리 준비된 자료에서 활용 가능한 자료를 선별하고 부족한 부분을 파악한다.
	3주전	면접 후기를 통해 실제 면접 전형의 흐름을 시뮬레이션한다. 기출 질문을 조사해 정리하고, 기출 질문에 대한 답변을 작성한다.
필기 합격 후	2주전	면접 일정을 확인하고 일일 단위로 꼼꼼하게 세부적인 전략을 수립한다. 직무별 기출 질문을 보강하고, 직무별 질문과 답변을 작성하고 연습한다.
	1주전	작성한 답변을 반복해 읽으면서 내용을 파악하고 흐름을 기억한다. 필기시험이 아니기 때문에 반드시 모의 면접을 통해 모니터링하면서 실제 면접에서 답변할 때의 상황을 대비한다.
	전날	작성한 답변과 관련 자료를 전체적으로 읽어보면서 가볍게 복습한다. 제출 서류, 복장, 이동 경로 등을 점검하고 마인드 컨트롤한다.
면접 복기	당일	출발 전 제출 서류, 복장, 이동 경로 등을 한 번 더 점검한다. 만일의 사태를 대비하기 위해 면접 시간보다 일찍 도착한다. 면접이 끝난 후 생각나는 대로 면접 상황과 내용을 기록한다.
	다음날	정리한 자료를 토대로 면접 상황을 분석하고 부족한 부분, 실수한 부분을 파악하고 보완할 계획을 수립한다. 면접 결과를 기다리지 말고 바로 다음 목표를 준비한다. 2차 면접이 남은 경우 1차 면접 결과를 기다리지 말고 바로 다음 전형을 준비한다.

01 면접 자료 찾기

면접은 막연한 질문을 하지 않고, 구체적인 역량을 평가하기 위한 채용 전형이다. 따라서 어떤 형식으로 어떤 질문을 하는지 충분히 대비해야 한다. 이를 위해서 반드시 조사해야 할 자료와 찾는 방법을 알아야 한다.

(1) 공고문 및 안내문

모든 전형에서 가장 먼저 확인해야 하는 자료가 바로 공고문이다. 면접 전형에 대해 간단한 설명만 나오는 경우도 있는데 이런 경우에는 면접 후기를 통해 상세한 내용을 찾아봐야 한다. 면접 전형은 항상 고정된 게 아니라 가끔 바뀌기도 한다. 특히 코로나 전후로 화상면접이 도입되기도 했고, 토론면접이 다시 재도입되기도 했다.

한국철도공사 공고문

□ **면접시험 및 인성검사**
  ○ 면접시험은 신입사원의 자세, 열정 및 마인드, 직무능력 등을 종합평가
  ○ 인성검사는 인성, 성격적 특성에 대한 검사로 적격·부적격 판정(면접 당일 시행)
    ※ 인성검사 부적격 판정자는 면접 시험 결과와 상관없이 불합격 처리
  ○ 최종합격자는 필기시험, 실기시험, 면접시험 득점을 아래 표의 비율로 합산한 점수에 따라 고득점자 순으로 선발

분야	구분	필기	실기	면접
사무영업_수송 (공개경쟁)	실기시험 시행	50%	25%	25%
토목 (공개경쟁, 취업지원 대상자보훈 제한)	실기시험 시행	50%	25%	25%
위의 2가지 분야를 제외한 나머지 분야	실기시험 미시행	50%	-	50%

공고문이 아니라 별도 첨부파일에 안내하는 경우도 있다. 첨부파일에는 직무기술서, 블라인드 채용기준, 결격사유, 전형단계별 평가방법 등 면접에 중요한 자료들이 있다. 따라서 귀찮더라도 꼼꼼하게 확인해야 한다.

한국가스안전공사 별첨자료 – 전형단계별 평가방법

3차전형(직무면접)
○ [평가대상] 공통
○ [평가방법] 직무과제에 대한 PT면접 및 직무관련 상황/경험면접 실시(개별)
  - 발표방법: 과제에 대한 응시자의 해결방안 등을 구술로 발표(발표자료 제작 없음)
○ [평가시간] 1인당 20여 분(과제 준비시간 별도 부여)
○ [평가내용] 응시자의 "직무에 대한 이해, 직무지식·기술·태도"를 평가

평가요소	평가준거	배점	단위/등급
직무이해	해당 직무의 정의, 목적, 특성에 대한 전반적인 이해도	25	요소별 5점 단위 5개 등급 평가
직무지식	직무수행에 필요한 법규, 사실, 이론, 개념, 원리에 관한 사항	25	
직무기술	직무수행에 필요한 방법, 매체, 도구 등 사용에 관한 사항	25	
직무태도	직무수행에 필요한 법적, 사회적, 도덕적 책임과 의무에 관한 사항	25	
	합계	100	

4차전형(종합 인성면접)
○ [평가대상] 공통
○ [평가방법] 응시자 상호 간 토론 과정을 관찰하고, 토론 종료 후 질의응답(多 대 多)
  - 평가시간: 1개 면접조별 토론 30여 분, 종합면접 50여 분
  * 면접 조의 인원에 따라 평가시간은 변동 가능
○ [평가내용] 지원자 간 토론과정 관찰 및 개별 질의응답을 통하여 지원자의 의사소통능력, 대인관계능력 등 공사 직원으로서의 기본 소양 및 자질 평가

평가요소	평가준거	배점	단위/등급
의사소통능력	경청 및 적절한 반응, 논리정연한 의사전개 능력	25	요소별 5점 단위 5개 등급 평가
대인관계능력	타인에 대한 이해 및 관계형성 능력	25	
정보능력	수집·취득한 정보에 대한 분석 및 활용능력	25	
직업윤리	개인윤리 및 공직윤리의 인식과 소명의식의 실천의지	25	
	합계	100	

최근에는 공고문과 첨부자료가 아니라 별도로 안내문을 제공하는 경우가 많아지고 있다. 따라서 메일, 문자메시지, 오픈채팅방 등 공고문에 제시된 안내 방법을 항상 확인해야 한다.

한국전력공사 면접 안내문 – 역량면접 예시

구분	배점	평가 내용	평가주제(예시)
PT발표면접	40	직무관련 제시된 주제 또는 상황에 대하여 발표 및 질의응답(PPT 작성 없음) * 사전준비 20분, 발표·응답 7~8분	전기요금 인상관련 국민인식 제고를 위한 홍보방안을 기획하시오.
발표면접	50	시사이슈 또는 공공정책 등 제시된 주제에 대하여 토론 * 사전준비 20분, 조별토론 30분	온라인상 가짜뉴스 처벌에 대해 토의하시오.
실무(전공)면접	60	전공지식 등 직무수행능력 개인별 질의응답 * 질의응답 7~8분(PT발표면접과 병행, PT발표+실무면접 합산 15분 내외)	비용편익분석의 개념과 특징을 설명하시오.

(2) 면접 후기

공고문과 안내문으로 방향을 잡을 수는 있지만 구체적인 주제나 질문이 무엇인지 파악할 수는 없다. 그래서 실제 면접을 경험한 사람들이 남긴 면접 후기가 필요하다. 실제 면접 상황과 질문을 올린 후기를 찾아야 방향을 잡을 수 있다.

우선 공시생이 운영하는 개인 블로그나 공기업 채용 커뮤니티에 있는 후기를 찾는다. 면접 경험이 없더라도 실제 면접 상황을 시뮬레이션을 할 수 있다는 장점이 있다.

면접 학원에서 올린 후기는 체계적으로 정리되었지만, 바로바로 업데이트되지 않고 지원 직무별로 나온 것이 아니므로 방향을 잡는 데는 한계가 있다. 최근 자료는 취업포털사이트보다 기업평판사이트에서 찾을 수 있지만 전체 면접 상황을 보여주지 못해 아쉽다.

도저히 찾을 수 없을 때는 구글링하거나 AI를 활용한다. 구글링은 시간 대비 체계적인 정리가 어려워 효율성이 떨어지고, AI는 편하기는 하지만 구체성에 대해서는 아직 의문이 남는다.

서울교통공사 면접 후기(공취모)

> 우선 서울교통공사 면접은 PT면접과 인성면접으로 이루어져 있습니다.
> 저는 운이 좋게도 초반조에 편성되었습니다.
> PT는 면접관 5분 인성은 면접관 5분에 지원자 3명입니다.
> PT는 준비실에 들어가서 20분 동안 정리할 시간을 줍니다. A4에 작성하고 나가면 PT면접실로 나갑니다.
> 저희 방은 3분 발표시간을 주고 질의응답을 하였는데 방마다 편차가 큰 것 같습니다. (1분도 있었음)
> PT가 끝나면 몇 분 후에 인성면접 시작입니다.
> 위의 질문들을 하였고 처음 듣는 질문도 있었지만 준비했던 내용을 활용하여 답변하였습니다.
> 면접관님들은 모두 편안한 분위기를 만들어 주셨고 압박은 없었습니다.
> 면접실 내 의자가 있고 책상은 없었습니다.

(3) 기출 질문 정리

면접 후기를 통해 방향을 잡았으면 이제 실제 기출 질문을 조사한다. 면접 교재, 공기업 취업 커뮤니티에는 전체적으로 정리된 기출 질문이 있다. 지원 직무가 달라도 기본적인 질문은 비슷하기 때문에 이 자료를 토대로 직무별 기출을 보강하면 된다.

한국도로공사 기출 질문(공취모)

> 공공부문 동반성장 추진 방안에 맞는 한국도로공사의 대응방안
> 도로공사의 동반성장 과제 평가지침 변경에 대한 대응방안 보고서 작성
> 무인차가 고속도로에 미치는 영향과 대응방안
> 자율주행차량 상용화의 현재 상황과 문제점, 그리고 대안

> 빅데이터 활용방안
> 도로교통 빅데이터 한계점
> 스마트하이웨이 경제성, 실효성 제고 방안
> 터널 사고를 줄이기 위한 방안
> 고속도로 이용 시 불편한 점과 개선점
> 고속도로 내 교통사고 감소 방안
> 고속도로 통행료 인상에 대한 견해

PT면접, 토론면접, 직무면접의 경우 지원 직무별로 다르기 때문에 별도로 자료 보강이 필요하다. 면접 후기를 토대로 기존 자료에서 고르거나 인터넷 검색을 통해 조사한다. 규모가 작거나 신생 공기업의 경우 기출 질문 찾기가 어렵다. 이런 경우 기업평판사이트, 구글링, AI를 활용하는 것을 추천한다.

(4) 기업 관련 자료

지원기업 사이트에는 경영 철학, 사업, 업무규정 등 면접에 필요한 다양한 자료가 있다. 무작정 기업 분석을 하기보다는 (1)~(3)을 통해 방향을 잡고 하는 것이 효율적이다.
종합적으로 정리된 대표적인 자료가 지속가능경영보고서이다. 전체적으로 빠르게 읽어보고 필요한 부분은 별도로 발췌해서 정리한다. 사업소개, 경영공시를 통해 지원기업의 현재 경영 상태를 파악해야 논리적인 답변이 가능하다.
ESG경영, 윤리경영 같은 카테고리에는 윤리강령, 안전경영규범, 업무규정 등은 상황질문의 근거로 활용할 수 있다. 기출 질문에 대해 답하면서 필요한 내용만 별도로 정리한다. 사보(웹진)이나 보도자료는 실제 현장에서 근무하는 사람들과 공감할 수 있는 자료들이 있다.

공기업 산하 연구기관이나 정부부처 산하 국책연구기관에는 해당 산업 분야에 대한 분석보고서, 기술동향 자료 등 발간자료가 있다. 전문적이면서 체계적인 근거가 있어 발표면접이나 직무면접에 효율적으로 활용할 수 있다.

LH 토지주택연구원 - 주택 & 토지 인사이트 제53호

테마 (Theme)	**2025 초고령사회 주거솔루션** • 초고령사회의 주거환경 발전 방향 • 고령자를 위한 도시환경 조성 및 도시계획 방향 • 국내 고령자 주거정책 현황 및 공급사례 • 미국 고령자 주거 현황 및 사례 • 초고령사회 주택연금의 역할과 발전 방향
리포트 (Report)	**현장탐방** • LH의 고령친화도시 개발 추진 방향 • 새로운 CCRC 모형 '골드시티'는 시니어타운이 아니다?! • 한국형 시니어 주거공동체 모델과 사례 • 한국형 시니어하우징의 '현실적 미래'를 꿈꾸는 케어닥 **전문가 인터뷰** • 건국대학교 부동산학과 유선종 교수 **정보코너** • 트렌드키워드 • insight 추천도서

02 면접에서 알아야 할 단어 이해하기

공공기관 면접에서 공공기관과 관련된 주요 단어를 이해하는 것은 필수적이다. 앞에서 지속가능경영, 사보를 찾고 보는 방법에 대해 알려 주었다. 하지만 내용을 잘 이해하지 못하거나 면접에서 적용하지 못한다면 지속가능경영과 사보를 본 의미가 없을 것이다. 면접은 단순히 지식을 평가하는 것이 아니라 면접자가 해당 직무와 조직의 특성을 이해하고 있음을 보여주는 중요한 척도이기 때문이다.

아래에 제시된 용어들은 면접에서 적절히 사용하면 좋은 인상을 줄 수 있다.

공공기관 면접에서 알고 있으면 좋은 단어 10

	용어	내용
1	ESG 경영	• 설명: ESG(Environmental, Social, and Governance)는 환경, 사회, 지배구조의 약자로, 기업의 지속 가능성과 사회적 책임을 평가하는 기준이다. 공기업은 ESG 경영을 통해 사회적 가치를 창출하고자 한다. • 예시: 한국전력공사는 ESG 경영을 통해 친환경 에너지 사업을 확대하고 있다.
2	탄소중립	• 설명: 탄소중립은 온실가스 배출량을 최대한 줄이고, 남은 배출량은 흡수하거나 제거하여 실질적인 배출량을 '0'으로 만드는 것을 의미한다. 공기업은 탄소중립 목표를 달성하기 위해 노력하고 있다. • 예시: 한국가스공사는 2050년까지 탄소중립을 달성하기 위해 다양한 친환경 에너지 사업을 추진하고 있다.
3	BSC	• 설명: BSC(Balanced Scorecard)는 성과 관리 도구로, 재무적 관점뿐만 아니라 고객, 내부 프로세스, 학습과 성장 관점을 통해 조직의 성과를 평가한다. 공기업은 BSC를 활용하여 성과를 관리하고 있다. • 예시: 한국수력원자력은 BSC를 통해 조직의 성과를 체계적으로 관리하고 있다.

4	민간투자사업	• 설명: 민간투자사업(PPP: Public-Private Partnership)은 공공기관과 민간 기업이 협력하여 공공 인프라를 개발하고 운영하는 방식이다. 공기업은 민간투자사업을 통해 인프라를 효율적으로 구축한다. • 예시: 한국도로공사는 민간 기업과 협력하여 고속도로 건설 프로젝트를 추진하고 있다.
5	공공데이터	• 설명: 공공데이터는 정부와 공공기관이 생성한 데이터를 의미하며, 이는 국민에게 개방되어 다양한 목적으로 활용될 수 있다. 공기업은 공공데이터를 통해 투명성을 제고하고 국민과의 소통을 강화한다. • 예시: 한국도로공사는 도로 교통 정보를 공공데이터로 제공하여 국민의 편의를 도모하고 있다.
6	지속가능 발전목표	• 설명: 지속가능발전목표(SDGs)는 2030년까지 달성해야 할 17개의 글로벌 목표로, 빈곤 퇴치, 기아 해소, 양질의 교육 제공, 기후변화 대응 등을 포함한다. 공기업은 SDGs 달성을 위해 다양한 사회적, 환경적 프로젝트를 추진하고 있다. • 예시: 한국수자원공사는 SDGs 달성을 위해 물관리와 관련된 다양한 사업을 추진하고 있다.
7	데이터 주권	• 설명: 데이터 주권은 데이터가 생성된 국가 내에서 관리되고 보호되어야 한다는 원칙을 의미한다. 공기업은 데이터 주권을 지키기 위해 데이터 보호 정책을 강화하고 있다. • 예시: 건강보험공단은 데이터 주권을 지키기 위해 국내 데이터 센터를 활용하고, 엄격한 데이터 보호 정책을 시행하고 있다.
8	공공조달	• 설명: 공공조달은 정부나 공공기관이 필요한 물품, 서비스, 공사를 민간 기업으로부터 구매하는 절차를 의미한다. 공기업은 투명하고 공정한 공공조달 절차를 통해 물품과 서비스를 조달한다. • 예시: 한국토지주택공사는 공정한 공공조달 절차를 통해 주택 건설에 필요한 자재를 구매하고 있다.
9	스마트 시티	• 설명: 스마트 시티는 정보통신기술(ICT)을 활용하여 도시의 인프라와 서비스를 효율적으로 관리하는 도시를 의미한다. 공기업은 스마트 시티 구축을 위해 다양한 프로젝트를 추진하고 있다. • 예시: 한국토지주택공사(LH)는 스마트 시티 구축을 위한 다양한 기술을 도입하고 있다.

10	상생 펀드	• 설명: 상생 펀드는 대기업과 중소기업 간 상생 협력을 촉진하기 위해 조성된 펀드를 의미한다. 공기업은 상생 펀드를 통해 중소기업의 자금 조달을 지원한다. • 예시: 한국가스공사는 상생 펀드를 통해 중소 협력업체의 자금 조달을 지원하고 있다.

01 면접 2주 전: 예상 질문과 답변 점검

(1) 기출 질문 조사 및 답변 작성법

'#1 채용 공고 게시 후 - 01 면접 자료 찾기'에 나온 방법을 활용해서 방향을 잡고 기출 질문을 조사한다. 시간이 많이 없기 때문에 가능하면 하루에 끝내고 부족한 부분은 나중에 보완한다.

조사한 기출 질문에 대해 1차 답변을 글로 작성한 후 시간을 두고 검토한 후 부족한 부분을 보완한다. 객관성을 확보하기 위해 가족이나 친구 등 지인들에게 보여주고 어색하거나 납득 안 되는 부분은 다시 작성한다. 그래도 막막할 때는 면접컨설팅을 통해 피드백을 받는 것도 고려해 봐야 한다.

(2) 자기소개서 질문 작성법

NCS 전형은 직무 역량을 평가하는 전형이다. 자기소개서도 마찬가지로 평가하려는 직무 역량이 분명히 존재한다. 따라서 어떤 세부적인 직무 역량을, 어떤 과정을 통해서 획득했는지 물어본다.

논리적으로 이해가 안 되는 경우 '왜?'라는 의문이 생긴다. 자기소개서 내용에 '왜?'라는 의문이 생기는 문장을 찾아서 질문으로 만들고 답변을 작성한다. 또 경험의 진실성을 확인하기 위해 '누가, 언제, 어디서, 무엇을, 어떻게, 왜' 육하원칙에 불명확한 경우 질문한다.

먼저 제출한 자기소개서와 이력서를 토대로 미리 질문을 뽑고 다른 사람들에게 보여주고 객관성을 확보한다. 그다음에 답변을 작성하고 다시 피드백을 받는다.

한국철도공사 자기소개서 문항 및 관련 질문

문항	일이나 대외 활동 등에서 고객의 의견과 요구사항을 수집하고 분석하여 이를 기반으로 한 목표와 계획을 수립한 경험에 대해 기술해 주십시오.
질문 의도	• 고객서비스 능력을 평가하는 질문 • 고객을 파악하고 전략을 수립했는지 확인하는 질문
주요 질문	• 어떤 고객들이었나요? • 구체적으로 실행하고 어떤 결과를 얻었나요?
문항	한국철도공사에서 글로벌 경쟁력을 높이기 위해 실시하고 있는 사업에 대해 이야기하고, 자신이 수행할 수 있는 역할과 업무가 있다면 이에 어떻게 기여할 수 있는지 기술해 주십시오.
질문 의도	• 조직이해능력(회사 사업과 직무이해도)을 파악하는 질문 • 충분한 조사와 구체적인 계획 수립 필요
주요 질문	• 해당 사업에서 본인이 담당할 업무가 뭔가요? • 한국철도공사가 왜 이 사업을 하고 있다고 생각하나요?

(3) 모의 면접 훈련법

면접을 필기가 아니라 실제 면접관과 함께 대화하면서 평가하는 전형이다. 눈으로 읽고 글로 정리만 하지 말고 실제 소리 내서 말해보면서 자신의 문제점을 파악하고 실제 답변으로 할 수 있는지 확인한다.

혼자 연습하기	• 작성한 답변을 소리 내서 읽는다. 3회 이상 반복해서 익숙해지면 질문을 읽고 답변을 보지 않고 답해본다. • 미리 질문을 뽑아서 적어두거나 녹음해 주고 거기에 맞춰 소리 내서 답한다. 도와줄 사람이 있으면 질문지를 보고 질문해달라고 부탁한다. • 실제 답하는 모습을 촬영해서 읽어보면서 내용, 태도, 발성, 속도를 중심으로 모니터링한다.

면접스터디	• 필기 시험 결과가 발표되면 오픈채팅방이나 공기업 카페에 스터디 모집을 한다. 너무 좋은 스터디를 찾지 말고 일단 참가해 보고 계속할지 판단한다. • 기출 질문을 토대로 실제 면접 진행에 맞게 지원자와 면접관 역할을 번갈아 가면서 모의 면접을 진행한다. 가능하면 촬영해서 함께 모니터링한다.
면접컨설팅	• 앞의 두 방법으로 해결이 안 될 때 학원이나 대학에서 면접컨설팅을 받는다. 컨설턴트를 무조건 믿지 말고 면접 후기와 기출 질문을 통해 방향을 잡고 난 후 신청한다. • 모의 면접에 대한 분석과 작성한 답변에 대한 피드백을 받을 수 있는지 꼭 확인하고 이용한다.

(4) 면접스터디 활용법

오픈 채팅방, 공기업 커뮤니티, 학원 등을 통해 면접스터디에 참가할 수 있다. 처음 만들어지는 경우에는 특별한 조건이 없지만 이미 운영되고 있는 경우에는 조건을 제한하거나 평가를 거쳐 선발하기도 한다.

모의 면접, 자료수집 및 정리 등 목적과 범위를 확실히 정하고 진행해야 실패를 줄일 수 있다. 생각보다 경험이 없는 사람들이 많기 때문에 미리 면접에 대해 파악하고 가야 한다. 면접스터디를 통해 많은 것을 얻는 경우도 있지만, 아닌 경우가 더 많다. 큰 기대를 하지 말고 명확한 목적을 정하고 시작해야 한다. 참가해 보고 도움이 안 된다고 생각되면 과감하게 나와야 한다.

(5) 발성과 발음 최종 연습

① 다양한 스크립트 읽기

실전 발음 연습을 통해 모음에 따른 입 모양을 자연스러운 속도로 정확하게 연출할 수 있다면, 이제는 다양한 스크립트를 빠르고 정확하게 읽을 수 있는 연습이 필요하다. 다음과 같은 스크립트 샘플 원고로 발음 및 발성 연습 후, 작성해 둔 자기소개서 및 기업 분석 자료를 활용해 보는 방법을 추천한다. 특히 자기소개서나 답변 내용 중, 핵심 키워드를 강조하며 읽어보는 연습은 답변 숙지에도 큰 도움이 될 수 있다.

스크립트 1. 샘플

나는 호감을 주는 인상과 목소리를 연출하는 법을 알고 싶다. 면접관을 사로잡는 면접의 기술 중 가장 중요한 것은 신뢰감을 주는 명확한 발음과 소리이기 때문이다. 특히 공공기관의 직원으로서 민원인을 마주할 때, 고객이 원하는 정보를 무리 없이 전달하기 위해, 나는 매일 정확한 발음과 분명한 소리를 연출하는 법을 연습하고 있다.

스크립트 2. 뉴스기사

버락 오바마 미국 대통령이 현지시각 15일 이번 주부터 본격화할 것으로 예상되는 의회의 연방정부 부채 상한 증액 협상과 관련해 절대 양보할 수 없다고 밝혔습니다.

오바마 대통령은 이날 ABC방송에 출연해 "부채 상한에 관해서는 지금껏 협상의 의지를 보이지도 않았고 앞으로도 타협하지 않을 것"이라고 강조했습니다. 그는 이어 올해 10월부터 내년 9월까지에 해당하는 2014 회계연도 예산안에 대해서는 협상의 여지가 있다면서도 "공화당이 주장하는 큰 폭의 정부지출 삭감은 받아들일 수 없다"고 말했습니다.

미국 의회가 이번 달 안에 내년도 예산안을 처리하지 못하면 새 회계연도가 시작되는 다음 달 1일부터 연방정부가 일시 폐쇄되고 각종 정부 프로그램도 중단됩니다.

스크립트 3. 자기소개서 예문

어려서부터 '배워서 남 주자'는 생각으로 자라왔던 저는 이윤 창출 이전에 기업의 역할과 목적을 실천하는 곳에서 일하고 싶었습니다. 특수은행으로서 농업인들의 경제적 지원을 주목적으로 하는 농협은행은 저의 가치관에 부합하는 직장입니다.

농협은행 입행을 목표로 세운 뒤, A 은행에서 인턴으로 일하며 '고객 상황 숙지가 영업의 첫 단계'임을 배웠습니다. 혼자서 사업자 카드를 영업할 기회가 생겼을 때, 사업장 방문 전에 담당 직원분께 여쭤보며 기존 거래내역을 파악했습니다. 이후 고객이 처한 상황과 카드의 특징을 함께 설명하니 설득력 있게 영업에 성공할 수 있었습니다. 그 후로도 매번 고객들의 상황을 숙지했고, 5개의 사업자 카드를 판매하여 우수 인턴으로 선정됐습니다.

② 내 소리를 객관적으로 듣는 법 (녹음, 촬영 활용하는 법)

내 목소리를 보다 객관적으로 듣기 위해서는 스마트폰이 필수적으로 필요하다. 보통은 목소리나 답변을 연습하는 과정에서 녹음을 활용하는 편이지만, 면접은 들리는 것보다는 보이는 것이 중요할뿐더러, 입 모양이나 표정 연출이 소리를 결정짓는 중요한 요소인 만큼, 동영상을 촬영하는 방법을 추천한다.

먼저 셀카 모드를 활용해 말하는 모습을 의식하며 촬영하는 것과 후방카메라를 활용하여 촬영하는 연습법 두 가지를 활용하는 것을 추천한다. 내 모습을 의식하며 말하는 것과 의식하지 않은 자연스러운 상태에서 말하는 모습은 아예 다르다. 그러나 면접에서는 말하는 내 모습을 동시에 볼 수 없는 만큼, 면접관 눈에 비칠 자연스러운 내 모습을 담기 위해서는 후방카메라를 활용하는 것이 필요하다.

따라서 초반에는 '줌'이나 '구글미트'를 활용해 카메라에 비춰지는 모습을 보며, 입모양이나 표정을 신경 써서 말하는 연습 후, 어느 정도 익숙해진다면, 스마트폰의 후방카메라를 활용하여 촬영한 모의 면접 영상을 비교하면서 차이를 좁혀나가는 것이 효과적이다.

02 면접 1주 전: 모의 면접 훈련과 돌발상황 대응전략 점검

(1) 답변 암기법

면접은 아무리 많이 준비해도 완벽하게 대비할 수 없다. 준비한 질문이 변형되어 나올 수도 있고, 예상하지 못한 상황이 발생하기도 한다.

대본 암기하듯이 단어 하나하나를 외우지 말고, 내용을 파악하고 흐름을 기억하는 게 중요하다. 이해 못 하는 내용은 아무리 암기해도 면접장에서 말 못 하는 경우가 많다. 계속 기억을 못할 때는 배경지식을 찾아보면 이해할 수 있다. 그래야 중간에 막히더라도 맥락에 맞게 이어서 답할 수 있다.

다음으로 작성한 답변을 소리 내서 반복해서 읽는다. 머리로 기억하지 못해도 입이나 몸이 기억하면 비슷하게 답할 수 있다. 중요하거나 자꾸 잊어버리는 단어를 별도로 체크해서 별도로 그 단어만 반복해서 읽는다.

기억이 나지 않을 때를 대비해서 예의 바르게 잘 모르겠다는 답변을 미리 준비한다. 면접은 한정된 시간이 진행되기 때문에 한 질문에 집착하지 말고 다음 질문에서 답변 잘 하는 게 좋은 평가를 받는 전략이다.

한국철도공사 자기소개서 문항 및 관련 질문

4차 산업혁명에 따라 본인이 무엇을 할 수 있겠는가?	저는 2가지 방안으로 4차 산업혁명에 따른 미래 도로교통 패러다임 전환에 대응하겠습니다. 먼저, 토목분야 BIM 운용 전문 자격을 취득하고 도로 분야에 적용 가능한 BIM 기술에 대한 학습을 꾸준히 이어 나가겠습니다. 저 또한 이러한 기술에 대한 지식을 쌓고 향후 협력 업체와의 소통이나 시공 과정에서 발생할 수 있는 문제 상황에서 원활하게 소통하고 설계 및 시공 품질을 높일 수 있도록 기여하겠습니다. 또한 다양한 국내외 사례와 기술들에 대한 정보를 수집하여 국내 고속도로에 적용 가능한 기술을 확보하겠습니다. 한국도로공사에서도 도공기술마켓 등으로 중소기업의 기술 채택 및 기업과의 협업과 테스트 베드 제공을 통한 실증 사업에 참여하고 있습니다. 따라서 저 또한 꾸준히 국내·외 기술들에 대해서 파악하여 국내 고속도로에서의 적용 방안을 고려하여 한국도로공사의 미래 경쟁력 제고를 위해 노력하겠습니다.
배경지식	• BIM: 'Building Information Modeling'의 약자로 3D 가상공간을 이용하여 전 건설 분야의 시설물의 생애주기 동안 설계, 시공 및 운영에 필요한 정보, 모델을 작성하는 기술 • 최근 정부의 스마트 건설 활성화 방안에서 1,000억 원 이상의 공공공사에 대해 전 과정 BIM 도입을 의무화하였다. 또한 한국도로공사에서도 2019년 국내 최초로 전면 BIM 설계로 전환하였고, 이를 유지관리 분야에도 적용하여 BIM 기반 교량 관리 시스템을 개발하여 적용 확대를 위해 고도화를 계획 중이다.
키워드	• 미래 교통통신 패러다임 전환 • 토목분야 BIM 운용 전문 자격 • 도공기술마켓 • 미래 경쟁력 제고

(2) 모의 면접 훈련법

영상모니터링과 피드백 받은 내용을 토대로 부족한 부분을 보완하고, 그동안 해온 방법 중에서 도움 되는 방법만 계속한다. 정리된 답변은 하루 한 번만 소리 내서 말하고, 실제 면접과 동일한 시간에 맞춰서 모의 면접을 진행한다.

면접일이 다가올수록 불만감이 커지기 때문에 면접스터디나 면접컨설팅을 통해서 얻는 피드백에 민감해질 수 있다. 보완방법이나 방향을 제시하지 못 하는 피드백은 어차피 도움 되지 않기 때문에 무시하는 것이 좋다.

면접일에 가까워질수록 혼자 연습하면서 마인드 컨트롤을 한다. 자신에 대해 충분히 성찰했을 때 면접장에서 담담하게 자신을 보여줄 수 있다.

(3) 자연스럽고 정중한 제스처 연출법

① 면접을 볼 때 시선 처리와 표정 관리
- **자연스러운 눈 맞춤**: 면접관과 '눈을 맞춰야 한다'는 강박관념은 오히려 부담스러운 시선을 연출할 수 있다. 자연스럽게 눈을 맞추는 것이 중요하다. 무조건 눈을 맞추려 하기보다는 면접관의 눈, 이마, 눈썹 언저리 등을 보는 것이 좋다.
- **편안한 표정 유지**: 자연스러운 눈 맞춤을 통해 편안한 표정을 유지한다. 평소 다른 사람과의 대화를 통해 눈 맞춤을 연습하는 것이 필요하다.
- **눈 맞춤 연습**: 평소에 눈 맞춤이 어색하다면 일부러라도 눈 맞춤을 연습하는 것이 중요하다. 이를 통해 면접에서 자연스럽게 시선을 맞출 수 있다.

② 답변이 생각나지 않을 때 연출법
- **시선 처리**: 답변이 떠오르지 않을 때 시선을 위로 돌리면 미성숙한 느낌을 줄 수 있다. 대신 시선을 아래로 두어 생각하는 제스처를 취하는 것이 좋다.
- **신중한 모습 연출**: 시선을 아래로 두면 진중한 인상을 줄 수 있으며, 답변 속도에 여유를 가지게 되어 좋은 답변을 할 수 있다.

- **자연스러운 움직임**: 면접관들은 로봇처럼 준비된 답변을 읊는 지원자보다, 진정성 있는 답변을 하는 지원자를 선호한다. 답변을 생각할 때 자연스럽게 시선을 아래로 두는 것이 바람직하다.

③ 면접 시 몸의 움직임 연출
- **단정하고 정중한 태도**: 기본적으로 단정하고 정중한 태도를 유지하면서도 자연스러운 움직임을 연출하는 것이 중요하다.
- **얼굴 근육 활용**: 대화 시 강조하고 싶은 부분에서는 눈썹 근육이나 볼 근육을 활용해 감정을 표현한다. 이는 AI 면접에서도 평가 기준에 포함된다.
- **손의 제스처**: 손은 무릎 위에 올려놓되, 강조하고 싶은 부분에서는 손목을 활용한 제스처를 사용한다. 과도한 움직임은 피하되, 적절한 손동작은 의사소통을 원활하게 만든다.

(4) 면접장에서의 돌발 상황 대비전략

① 준비되지 않은 경험에 대한 질문
- **시간 요청**: 답변이 생각나지 않을 때는 정중하게 시간을 요청한다. "면접관님, 잠시만 생각할 시간을 주시겠습니까?"라고 말한다.
- **경험 변형**: 준비된 경험을 유사한 질문에 맞게 변형하여 답변한다. 예를 들어, '실패한 경험'을 '후회한 경험'으로 변형하여 답변한다.

② 모르는 질문에 대한 대응
- **긴장 카드 활용**: "첫 면접이라 긴장이 되어서 질문하신 내용을 기억나지 않습니다. 혹시 다른 질문을 주신다면 감사하겠습니다."라고 정중하게 답변한다.
- **자신 있는 분야로 유도**: 자신 있는 분야로 질문을 유도하여 답변한다. "정말 죄송합니다만, OO에 대한 부분은 기억나지 않지만, OO와 비슷한 OO에 대해서는 답변드릴 수 있을 것 같습니다. 혹시 말씀드려도 되겠습니까?"라고 제안한다.

③ 질문을 이해하지 못한 경우
- **정중하게 재질문**: "정말 죄송하지만 제가 긴장이 되어서 질문의 내용을 잘 이해하지 못했습니다. 한 번만 다시 말씀해 주시면 감사하겠습니다."라고 정중하게 재질문한다.
- **거리 문제 언급**: "죄송하지만 거리가 멀어서 잘 들리지 않습니다. 조금만 크게 말씀해 주시면 감사하겠습니다."라고 상황을 설명한다.

④ 답변 중 실수하거나 막힌 경우
- **호흡 조절**: 답변 중 막히면 잠시 멈추고 호흡을 가다듬는다. "죄송합니다."라고 말한 후 답변을 이어 나간다.
- **천천히 말하기 습관화**: 평소 천천히 말하는 연습을 하여 급한 말투를 고치고 여유 있는 답변을 연습한다.

03 면접 전날: 마인드 컨트롤과 복장 점검

(1) 마인드 컨트롤하기

① NCS라는 보험

"선생님 너무 긴장이 되서 아무것도 못 하겠어요. 과연 제가 잘할 수 있을까요."
면접을 앞둔 지원자들에게 가장 많이 듣는 말이다. 이렇게 긴장하는 기저에는 '여기까지 내가 어떻게 준비했는데, 여기서 떨어지면 끝장이야!'와 같이 마치 낭떠러지 위에 서 있는 듯한 위태로움이 깔려있을 것이다.
그러나 이 심리는 정확하게 반대로 '여기까지 내가 어떻게 준비했는데, 그러니까 금세 다시 오를 수 있어.'와 같은 마인드로 셋팅되어야 한다. 우리는 NCS라는 보험을 들지 않는가. NCS 전형의 채용 방식이 이점이 되는 이유는 지금까지 걸어왔던 과정과 동일한 루트로 다른 기업도 노려볼 수 있다는 점 때문이다. 서류를 단번에 합격할 수 있던 자격 가점과 더불어 그동안 피땀 흘려 이루어 낸 커트 라인 이상의 필기 점수는 결코 어디 가지 않는다. 실제로 공기업의 이직률이 높은 이유는 한번 공부했던 NCS와 전공 필기는 언제든 금방 다시 쌓아 올릴 수 있기 때문이라 해도 과언이 아니다.
같은 과정을 반복하는 게 지긋지긋하고 지겹더라도, 목마른 자가 우물을 파는 것 아닌가. '일생일대의 기회', '절체절명의 순간'으로 포장하며 연약해지기보다는, 내가 단단하게 준비해 둔 자격증과 필기 실력을 믿어보며, 이번이 마지막 기회가 아님을 생각하며, 담대하게 임해 보자.

② 플라시보 효과 빌리기

너무 긴장이 된다면, 플라시보 효과를 빌려보자. '플라시보(placebo)'라는 단어는 원래 '좋아지게 하다', '만족스럽게 하다'는 의미의 라틴어로 좋아질 것이라는 믿음과 기대, 그리고 왜 좋아질지에 대해서 나름대로 생각한 논리가 버무려져 약을 먹거나 수술을 받지 않아도 실제로 증상이 호전되는 현상이다.

우황청심환을 포함한 각종 약들이 모두에게 효과가 있는지는 모른다. 그러나 약을 먹었다는 사실만으로도 '나는 떨리지 않을 거야'라는 긍정적인 기대감은 실제 면접장에서 확실하게 도움 된다. 물론 해당 약이 본인에게 맞는지 확인하는 과정은 미리 거칠 필요가 있으며, 신경안정제 성분의 약이나 인데놀 같은 처방약의 경우는 의사와 꼭 상의 후 처방 받는 것을 추천한다.

③ 긍정보다는 뻔뻔함

면접은 '누가 누가 최고인가'를 기준으로 채점하는 방식이 아닌 '누가 누가 우리 회사에 적합한가'를 평가하는 전형이다. 따라서 면접 전형은 '다 맞춰야지'와 같이 비장한 각오로 임하는 서류전형, 필기전형과는 사뭇 다르다.

'서류 가점이 부족', '필기 점수가 부족', '경쟁자들은 경력이 많다', '관련 인턴 경험이 없다'

그러나 안타깝게도, 이렇게 수많은 이유로 다른 이들과 비교하며 스스로를 깎아내리는 지원자들이 너무나 많다. 중요한 관문을 앞두고 계속해서 스스로 부족한 점이나 모자란 점을 생각하는 이유는 '미리 대비하고 보완하기 위함'이다. 그러나 면접 전날에는 아무것도 바꿀 수 없지 않은가. 따라서 면접 전날 스스로 부족한 점을 찾는 것은 아무런 소용이 없을뿐더러 부정적인 감정만 불러일으킬 것이다.

이미 당신은 이 책을 통해 면접 전문가의 가이드라인에 맞춰 답변을 만들었고, 기업 분석이나 관련 준비를 철저히 해왔다. 모두에게 간절한 면접 전형의 순간을 준비하는 마지막 날 만큼은 조용히, 스스로 얼마나 해당 기업에 입사하기 위해 노력했는지, 얼마나 내가 해당 기업에 적합한지를 되돌아보면서, '딱 준비한 만큼만, 면접관에게 보여주고 오자.' 마인드를 장착하기를 바란다.

(2) 복장 점검하기

적어도 하루 전에는 면접에서 입을 복장을 미리 세팅해 두는 것이 필요하다. 면접에 집중할 수 있는 완벽한 환경을 만들어두는 것과 동시에, 면접 당일 혹시 모를 돌발 상황이 생기는 것을 미리 예방해 두기 위함이다. 특히 시계나 양말, 스타킹 등 사소한 것 하나도 이미지 영역에 들어가는 만큼, 챙기지 못한 부분을 수습하는 건 최소 면접 전날에는 해결되어야 하지 않을까. 따라서 아래의 체크리스트에 따라 하나하나 체크해 보자. 잘 챙겨두었다가 그대로 착장하고 나갈 수 있도록 말이다.

복장 점검 체크리스트

항목	항목별 체크 요소	그렇다	아니다
다림질	주름이 잘 가는 위치(팔, 등, 무릎 등 접히는 부분)가 구김 없이 잘 다려져 있는가?		
세탁 여부 및 청결도	셔츠의 카라, 옷소매 청결도, 넥타이, 양말 등, 특히 한눈에 보이는 V존이 청결한가?		
	흰 소재의 복장(셔츠, 블라우스)에 얼룩이 묻어있지는 않은가.		
바지 및 치마 길이	(바지) 서 있을 때 바지 길이가 구두 뒤축을 3분의 1 이상 가리는가? 양말은 정강이까지 올라오는가?		
	(치마) 서 있을 때 치마가 무릎 윗선을 가리는가?		
구두	(공통) 발은 불편하지 않은지, 청결도 확인		
	(여자 구두) 구두 굽은 3cm 이상인가?		

항목	항목별 체크 요소	그렇다	아니다
양말/스타킹	(양말) 정장 컬러나 구두 컬러에 크게 벗어나지 않는가? → 검정색, 남색 필수		
	(스타킹) 피부톤에 맞는 살구색·커피색 스타킹인가?		
	(스타킹) 올이 나가 있지는 않은가? 여벌 스타킹이 있는가?		
헤어 및 메이크업	(헤어나 메이크업을 예약했다면) 예약 시간 및 지도, 그리고 메이크업샵에서 면접장까지의 거리를 체크하였는가?		
액세서리 및 장신구	장신구는 미리 빼두었는가? (목걸이, 반지 등)		
	시계는 준비되어 있는지 확인, 시계가 너무 튀는 색상은 아닌지 확인		

취업강의 1위, 해커스잡
ejob.Hackers.com

공공기관 채용 전형에서 중요하지 않은 과정은 없다. 서류 전형이나 필기 전형은 미리 장기적으로 준비하는 것과 달리 면접 전형은 항상 뒤로 미루다가 필기시험 결과가 나온 후 준비하다 보니 부족함을 느낀다. 그래서 상황에 맞게 더 전략적으로 준비할 수 있는 방법이 필요하다.

다음 소개할 '면접 3개월 전 대비전략'은 채용 시기에 맞춰 모든 전형을 잘 준비하면서 PART 2~3을 차근차근 학습하였다면, 면접 직전에 3개월치의 대비전략을 리마인드하는 것으로, 면접에 응시 직전이거나 이미 한 차례 탈락하고 재응시하는 수험생에게 유효한 맞춤형 대비전략이다.

한편 필기시험만 준비하다가 면접 준비할 시간이 부족한 수험생들은 핵심적이고 실전에 맞는 방법이 필요하다. 채용공고가 나온 직후 면접 일정이 나온 경우에는 '극약처방! 면접 1개월 전 맞춤전략'을 학습하고, 필기시험 합격 후 면접 일정이 나온 경우에는 '극약처방! 면접 1주일 전 맞춤전략'을 학습하여 상황에 맞게 면접을 준비할 수 있다.

01 면접 3개월 전 대비전략 리마인드

(1) 왜 면접을 3개월 전부터 준비해야 하는가?

① 체계적인 준비를 통한 심층적 이해와 대응력 강화

공공기관 면접은 지원자의 직무 이해도, 문제 해결 능력, 조직 적합성 등을 심도 있게 평가한다. 이러한 요구에 효과적으로 대응하기 위해서는 체계적인 준비가 필수적이다. 3개월 동안의 준비 기간은 NCS 직업기초능력, 전공 지식, 그리고 면접 대응력을 차근차근 쌓아가면서도 면접의 다양한 유형에 맞는 전략을 마련할 충분한 시간이다. 이 기간 동안 지원자는 자신의 강점과 약점을 명확히 파악하고, 예상 질문에 대한 답변을 준비하며, 모의 면접을 통해 실전 감각을 키울 수 있다.

② 충분한 시간 확보로 인한 면접 불안 감소

충분한 준비 기간은 면접 당일의 불안감을 크게 줄여준다. 3개월 전부터 체계적으로 준비를 시작하면, 면접에서 다루어질 주제나 예상 질문에 대해 충분히 숙지할 수 있어, 예상치 못한 상황에서도 당황하지 않고 대응할 수 있다. 이는 면접장에서 자신감을 높이고, 면접관에게 긍정적인 인상을 남기는 데 중요한 역할을 한다.

③ 전문성 강화와 최신 이슈 대응

공공기관 면접에서는 지원자의 전문성과 최신 이슈에 대한 이해를 평가하는 질문이 빈번히 등장한다. 3개월 동안의 준비 기간은 관련 전공 지식과 최신 이슈를 체계적으로 학습하고, 이를 면접 답변에 자연스럽게 녹여낼 수 있도록 한다. 또한, 지원하는 공공기관의 정책이나 사업 방향에 대해 심도 있게 연구할 시간을 확보할 수 있어, 면접에서 보다 구체적이고 설득력 있는 답변을 할 수 있다.

(2) 3개월간 면접 대비전략 정리

① 1개월 차 학습법: 기초 쌓기

1개월 차에는 면접에 필요한 기초를 쌓는 데 중점을 두어야 한다. 이는 면접에서 자신감을 갖고 자연스럽게 자신의 역량을 보여줄 수 있는 기반을 마련하는 중요한 단계이다.

주차	내용	세부 내용	연습 기간
1주차	기본적인 발성과 발음 연습	• 복식호흡 연습: 매일 10분씩 복식호흡을 연습하여 면접 시 안정적인 목소리를 유지할 수 있도록 한다.	매일 10분 (매일 아침/저녁)
		• 발성 연습: 티슈를 활용한 발성 연습을 통해 소리의 공명점을 찾아 연습한다.	매일 15분
		• 발음 연습: 기본 모음과 자음 발음을 명확하게 하는 연습을 한다. 이는 명확한 전달력을 기르는 데 필수적이다.	매일 10분
2주차	자기소개서 및 경험 정리	• 자기소개서 확인: 작성한 자기소개서를 다시 검토하고 개선할 부분을 찾는다.	매일 20분
		• 경험 정리: 자신의 주요 경험을 나열하고 각 경험이 주는 의미를 명확히 정의한다.	주 3회, 30분
3주차	포트폴리오 작성	• 경험과 사건 나열: 자신이 경험한 사건들을 순서대로 나열하고, 각 사건의 의미를 정리한다.	주 3회, 30분
		• 포트폴리오 시각화: 경험을 시각적으로 정리하여 면접관에게 쉽게 전달할 수 있는 포트폴리오를 만든다.	주 2회, 40분
4주차	기본 면접 질문 탐색 및 답변 연습	• 기본질문 탐색: 공공기관 면접에서 자주 나오는 질문들을 조사하고 이에 대한 답변을 준비한다.	주 3회, 20분
		• 답변 연습: 준비한 답변을 실제 면접처럼 연습하며, 부족한 부분을 보완한다.	매일 30분

② 2개월 차 학습법: 면접 기초 다지기~완성하기

2개월 차에는 기초를 바탕으로 실전에서 활용할 수 있는 심화된 기술과 지식을 쌓는 것이 목표이다.

주차	내용	세부 내용	연습 기간
5주차	심화된 발성과 발음 연습	• 키톤 찾기: 자신의 목소리에 맞는 키톤을 찾아 연습한다.	매일 15분
		• 발음 연습: 더 복잡한 문장이나 발음을 반복 연습하여 자연스럽게 발음할 수 있도록 한다.	매일 20분
6주차	모의 면접 연습	• 모의 면접: 가상 면접 상황을 설정하고 답변 연습을 한다. 가능한 한 실제 면접 상황과 유사한 환경을 조성하여 연습한다.	주 2회, 1시간
		• 피드백 반영: 모의 면접 후 피드백을 받아 자신의 약점을 보완하고, 답변을 다듬는다.	주 2회, 30분
7주차	인성면접 및 직무면접 대비	• 인성면접 질문 연습: 자주 나오는 인성면접 질문에 대해 답변을 준비하고 연습한다.	매일 20분
		• 직무 관련 질문 연습: 지원하는 직무와 관련된 질문을 예상하고, 이에 대한 답변을 준비한다.	매일 20분
8주차	발표 및 PT면접 대비	• 발표 연습: PT면접 대비를 위해 발표 자료를 준비하고 발표하는 연습을 한다.	주 3회, 40분
		• 문서 요약 및 분석 연습: PT면접에서 중요한 문서 요약 및 분석 능력을 기르기 위해 관련 연습을 한다.	주 2회, 30분

③ 3개월 차 학습법: 실전 대비 및 최종 점검

3개월 차에는 모든 준비 과정을 종합하여 실전에서 최대한의 효과를 낼 수 있도록 최종 점검을 하는 시기이다.

주차	내용	세부 내용	연습 기간
9주차	목표 기업 분석	• 기업 분석: 지원할 기업의 인사말, 사업 내용, 핵심 전략 등을 분석하고, 이를 바탕으로 면접 질문을 예상해 본다.	매일 20분
		• 기업과 자신의 연결점 찾기: 자신이 해당 기업에서 어떻게 기여할 수 있을지를 명확히 하고 이를 바탕으로 답변을 준비한다.	매일 20분
10주차	종합 면접 연습	• 종합 면접 연습: 인성면접, 직무면접, PT면접을 모두 포함한 종합적인 모의 면접을 진행한다.	주 2회, 1시간
		• 발표 연습: PT면접의 발표 내용을 반복 연습하여 자연스럽게 발표할 수 있도록 한다.	주 3회, 30분
11주차	면접 자세 및 피드백 반영	• 자세 교정: 면접 시 바른 자세를 유지할 수 있도록 자세 교정 연습을 한다.	매일 10분
		• 피드백 반영: 모의 면접에서 받은 피드백을 바탕으로 최종적으로 답변을 다듬는다.	주 3회, 30분
12주차	최종 모의 면접 및 점검	• 최종 모의 면접: 실제 면접과 동일한 환경에서 최종 모의 면접을 진행하여 실전 감각을 익힌다.	주 2회, 1시간
		• 마무리 점검: 모든 준비 과정을 다시 한 번 점검하고 부족한 부분을 보완한다.	매일 20분

02 극약처방! 면접 1개월 전 맞춤전략

(1) 면접을 1개월 전부터 준비할 때의 장점

① 집중적인 학습과 빠른 피드백 반영: 1개월이라는 제한된 시간 내에서 집중적으로 학습을 진행함으로써 단기간에 많은 양의 정보를 습득할 수 있다. 이 과정에서 빠르게 피드백을 받아 수정하고 개선할 수 있는 기회가 많아진다. 이는 특히 면접 준비 과정에서 자주 발생하는 문제점을 신속히 해결할 수 있는 장점이 있다.

② 높은 몰입도: 짧은 기간 내에 목표를 달성하기 위해 자연스럽게 높은 몰입도를 유지할 수 있다. 이는 학습 효과를 극대화하고, 면접 준비에 있어 일관된 집중력을 유지하는 데 도움이 된다. 특히, 지속적인 연습과 반복을 통해 실전 감각을 빠르게 키울 수 있다.

③ 최신 이슈와 동향에 대한 빠른 대응: 1개월 전부터의 준비는 면접 직전까지 최신 이슈와 기업 동향에 대한 정보 습득을 용이하게 한다. 이는 면접에서 시사적인 질문에 대한 답변 준비에 유리하며, 지원자가 최신 정보를 바탕으로 면접에 임할 수 있게 한다.

(2) 면접을 1개월 전부터 준비할 때의 단점

① 짧은 시간으로 인한 준비 부족: 1개월이라는 짧은 시간은 면접에 필요한 모든 요소를 충분히 준비하기에는 다소 부족할 수 있다. NCS 직업기초능력, 전공 지식, 면접 대응력 등을 체계적으로 준비하기에는 시간이 촉박하여, 깊이 있는 학습이 어려울 수 있다.

② **심리적 압박감**: 짧은 시간 내에 모든 것을 준비해야 한다는 압박감이 심리적 부담으로 작용할 수 있다. 이는 오히려 면접 당일 긴장감을 높여, 자신감 있는 답변을 어렵게 만들 수 있다. 충분한 준비 시간이 부족한 상태에서 면접을 준비하게 되면, 예상치 못한 질문이나 상황에서 당황할 가능성이 높다.

③ **반복 연습 부족**: 면접에서의 자신감을 키우기 위해서는 반복적인 연습이 필수적이다. 하지만 1개월이라는 시간은 충분한 모의 면접과 피드백을 반복할 시간이 부족할 수 있어, 실전에서의 대응력이 떨어질 수 있다.

(3) 단점을 장점으로 전환하는 방법

① **우선 순위 설정과 시간 관리**: 짧은 준비 기간을 극복하기 위해서는 철저한 우선 순위 설정이 필요하다. 가장 중요한 면접 대비 요소들을 먼저 학습하고, 덜 중요한 부분은 시간이 허락하는 한에서 준비한다. 시간을 효율적으로 관리하여, 매일 일정한 시간 동안 집중적으로 학습하는 습관을 유지한다.

② **모의 면접을 통한 실전 연습**: 짧은 시간 내에 실전 감각을 익히기 위해서는 모의 면접을 자주 실시해야 한다. 매일 모의 면접을 통해 실전처럼 연습하고, 피드백을 신속히 반영하여 부족한 부분을 보완한다. 이 과정을 통해 자신감을 키우고, 면접장에서의 긴장감을 줄일 수 있다.

③ **최신 이슈와 공공기관 동향에 집중**: 면접 직전까지 최신 이슈와 기업 동향에 대한 정보를 지속적으로 습득하여, 시사적인 질문에 대한 대비를 철저히 한다. 이를 통해 면접에서 깊이 있는 답변을 제시할 수 있으며, 면접관에게 신뢰감을 줄 수 있다.

(4) 면접 1개월 전 맞춤전략 정리

주차	내용		세부 내용	연습 기간
1주차	종합적인 모의 면접과 피드백	종합 모의 면접	• 실제 면접과 동일한 환경을 조성하여, 인성면접, 직무면접, PT면접 등을 포함한 종합적인 모의 면접을 실시한다. • 면접 후에는 반드시 피드백을 받아 자신의 강점과 약점을 확인하고 개선할 부분을 찾아낸다.	주 2회, 1시간
		피드백 반영 및 답변 수정	• 모의 면접에서 받은 피드백을 바탕으로 답변을 수정하고 보완한다. • 특히 자신감 있게 답변할 수 있도록 복식호흡과 발성 연습을 지속적으로 병행한다.	주 2회, 30분
		기업 분석 강화	• 지원할 기업의 최신 뉴스, 사업 현황, 업계 동향 등을 파악하여 면접 시 유용한 정보를 준비한다. • 기업의 핵심 가치와 비전에 자신이 어떻게 기여할 수 있을지를 구체적으로 정리한다.	매일 20분

2주차	집중적인 발표 연습 및 자세교정	PT 연습	• PT면접에서 발표할 자료를 재점검하고, 발표 연습을 반복하여 자연스럽게 발표할 수 있도록 한다. • 발표 연습 시 자신의 목소리 톤과 발음, 속도 등을 체크하여 개선한다.	주 3회, 30분
		자세교정 및 표정 연습	• 면접 시 바른 자세와 적절한 표정을 유지할 수 있도록 자세 교정 연습을 한다. • 거울 앞에서 자신의 표정을 점검하고, 친근하고 신뢰감을 주는 표정을 연습한다.	매일 10분
		예상 질문 답변 준비	• 예상되는 면접 질문에 대해 답변을 준비하고, 이를 자연스럽게 말할 수 있도록 반복 연습한다. • 특히, 예상치 못한 질문에도 유연하게 대처할 수 있도록 다양한 시나리오를 상상하며 답변 연습을 한다.	매일 20분
3주차	실전 감각 최종 강화	최종 모의 면접	• 마지막으로 실전과 동일한 환경에서 모의 면접을 실시하고, 완성된 답변과 발표를 점검한다. • 면접 후 녹음된 자신의 답변을 들어 보고 개선할 점을 확인하며, 면접관의 입장에서 다시 한 번 평가해 본다.	주 2회, 1시간
		스트레스 관리 및 컨디션 조절	• 긴장을 완화하고 스트레스를 관리하기 위해 자신이 평소에 스트레스를 해소하는 방법을 찾아 컨디션을 조절한다.	매일 10~20분
		마무리 점검	• 모든 준비 과정을 다시 한번 점검하고, 자신에게 부족한 부분을 마지막으로 보완한다. • 면접 당일 필요한 자료와 준비물을 체크리스트로 정리하여 준비를 완료한다.	주 3회, 20분

4주차	최종 정리 및 실전 대비 (면접 주간)	최종 답변 점검	• 최종적으로 준비한 답변을 점검하고, 외워서 답변하는 것이 아닌 자연스럽게 말할 수 있도록 최종 연습을 한다.	면접 전날 30분
		마지막 발표 연습	• PT면접에서 발표할 내용을 마지막으로 점검하고, 자신감 있게 발표할 수 있도록 반복 연습한다.	면접 전날 20분
		휴식과 컨디션 조절	• 면접 당일에는 최대한 긴장을 풀고, 편안한 마음을 유지할 수 있도록 복식호흡과 간단한 스트레칭을 한다. • 면접 장소로 출발하기 전, 자신이 준비한 모든 내용을 믿고 긍정적인 마음가짐을 유지한다.	면접 당일 아침

03 극약처방! 면접 1주일 전 맞춤전략

(1) 면접 1주일 전 전략 마인드 세팅

면접 1주일 전부터 긴급하게 준비할 때는, 비록 준비 시간이 부족하더라도 최대한 효과를 보기 위해 상황에 맞는 최적의 준비 방법이 필요하다. 따라서 전략적인 접근을 위한 마음가짐부터 점검한 후 가능한 모든 자원을 활용하여 최선의 대안을 마련해야 한다.

① 실질적인 준비: 면접 1주일 전부터 긴급하게 준비할 때는 시간이 부족한 상황에서 실질적으로 준비할 수 있는 요소들에 집중한다. 이를 통해 짧은 기간 내에 최대한의 효과를 얻을 수 있도록 한다. 예를 들어, 예상 질문에 대한 답변 준비와 모의 면접을 집중적으로 실시함으로써 실전 감각을 최대한 끌어올리는 것이다.

② 자신감 회복: 짧은 기간 내에 긴장감을 완화하고 자신감을 회복하는 것이 중요하다. 면접 1주일 전 맞춤전략을 통해 지원자는 최소한의 준비로도 면접장에서 자신감을 가질 수 있도록 한다. 이는 면접장에서의 긴장감을 줄이고, 보다 자연스러운 태도로 면접에 임할 수 있게 도와준다.

③ 효율성 추구: 시간이 부족한 상황에서도, 체계적인 대처방안을 통해 면접에서 최상의 결과를 도출할 수 있다. 면접 1주일 전 대처방안을 통해 지원자는 자신이 준비한 범위 내에서 최대한의 역량을 발휘할 수 있으며, 면접관에게 긍정적인 인상을 남길 수 있다.

(2) 면접 1주일 전 대처방안

① **우선 순위 결정**: 짧은 준비 기간을 효율적으로 활용하기 위해서는 우선 순위를 명확히 설정해야 한다. 가장 중요한 면접 대비 요소를 우선적으로 준비하고, 시간이 허락하는 한에서 덜 중요한 부분을 준비하는 것이 필요하다. 예를 들어, 예상 질문에 대한 답변 준비와 모의 면접을 최우선으로 하되, 전공 지식의 심화 학습은 필요 최소한으로 줄일 수 있다.

② **집중적인 모의 면접 및 피드백**: 짧은 기간 동안 실전 감각을 키우기 위해서는 매일 집중적인 모의 면접을 진행해야 한다. 모의 면접 후에는 즉각적으로 피드백을 받아 부족한 부분을 보완하고, 이를 다시 연습하는 반복적인 과정을 통해 실전 감각을 최대한 끌어올린다.

③ **핵심 질문에 대한 답변 준비**: 모든 질문에 대비하기에는 시간이 부족하기 때문에, 공공기관 면접에서 자주 나오는 핵심 질문에 집중한다. 이를 통해 주요 질문에 대해 자신감 있게 답변할 수 있도록 준비한다. 예상 질문 목록을 작성하고, 각 질문에 대한 답변을 체계적으로 준비한 후 반복적으로 연습한다.

④ **간결한 기업 분석**: 기업 분석은 필요한 부분만 간결하게 수행하되, 기업의 핵심 비전과 최근 동향, 직무와 관련된 주요 이슈에 집중한다. 면접장에서 깊이 있는 답변을 준비하기보다 지원자의 직무 적합성과 기업의 비전 사이의 연관성을 명확히 설명하는 데 초점을 맞춘다.

(3) 면접 1주일 전 맞춤전략 정리

① **모의 면접을 통한 실전 연습(매일 1~2시간)**: 1주일 전에는 실전 감각을 익히기 위해 가능한 한 자주 모의 면접을 실시해야 한다. 모의 면접은 실제 면접 환경을 최대한 재현한 상황에서 진행되어야 하며, 면접관 역할을 맡은 사람이 직접 피드백을 제공하는 것이 중요하다. 매일 1~2시간 정도 모의 면접을 실시하며, 특히 다음 사항들을 중점적으로 연습한다.

행동	내용
답변의 일관성 점검	모든 답변이 자신의 가치관과 경험에 기반을 두고 있는지 확인한다. 특히 직무와 관련된 답변은 일관성 있게 준비하여 예상치 못한 질문에도 유연하게 대처할 수 있도록 한다.
시선 처리와 제스처 연습	면접 시 시선 처리와 제스처는 첫인상을 결정짓는 중요한 요소이다. 시선은 면접관 전체를 자연스럽게 둘러보며, 과도하지 않으면서도 자신감 있는 제스처를 연습한다. 시선을 아래로 두어 신중한 모습을 연출할 수 있다.
시간 관리	답변 시간을 조절하여, 짧고 명확하게 자신의 생각을 전달할 수 있도록 연습한다. 특히 답변이 길어질 경우 면접관이 지루해하거나 본질에서 벗어날 수 있기 때문에, 핵심만 전달하도록 연습한다.

② **기업 및 직무에 대한 추가 분석(매일 1시간)**: 면접 직전에는 지원하는 기업과 해당 직무에 대한 이해도를 극대화하는 것이 필요하다. 이는 면접에서 예리한 질문을 받았을 때 자신의 논리와 주장을 뒷받침할 수 있도록 하기 위함이다.

행동	내용
최신 기업 동향 파악	기업의 최근 뉴스, 업계 동향, 경쟁사 동향 등을 파악하여, 면접에서 시사적인 질문을 받았을 때 대응할 수 있도록 준비한다. 이는 지원자가 해당 기업과 산업에 대해 깊이 이해하고 있음을 어필할 수 있는 기회가 된다.
직무 관련 문제 해결 사례 분석	지원하는 직무에서 자주 발생할 수 있는 문제 상황을 가정하고, 이를 해결할 수 있는 방안을 구체적으로 마련한다. 예를 들어, PT면접이나 직무면접에서 제시된 문제를 빠르게 분석하고 논리적으로 해결책을 제시할 수 있도록 연습한다.
자신의 역량과 기업 목표 연결	자신의 직무 역량이 기업의 목표와 어떻게 연결되는지 명확히 설명할 수 있도록 한다. 이는 면접관에게 지원자의 회사 기여 가능성을 구체적으로 보여줄 수 있다.

③ **자기소개서 및 경력 정리(매일 30분)**: 자기소개서와 경력사항은 면접에서 가장 먼저 확인되는 자료이다. 이 부분을 완벽히 숙지하고, 예상 질문에 대한 답변을 준비하는 것은 필수적이다.

행동	내용
자기소개서 내용 점검	자기소개서에 적힌 내용이 명확히 기억나는지 확인하고, 예상 질문에 대한 답변을 다시 한 번 정리한다. 자기소개서에 기재된 각 항목에 대해 '왜?'라는 질문을 던지며 깊이 있는 답변을 준비한다.
경력사항 정리	이전의 직무 경험과 성과를 다시 한 번 정리하고, 이를 어떻게 면접에서 효과적으로 전달할 수 있을지 연습한다. 특히, 경력사항과 관련된 구체적인 성과를 제시하고 이를 통해 얻은 교훈이나 발전 사항을 강조하는 것이 중요하다.
POWER 기법 활용	면접에서 구체적인 문제 해결 경험을 설명할 때, POWER 기법을 활용하여 체계적이고 설득력 있게 답변을 준비한다.

④ **발성과 발음 연습(매일 20~30분)**: 면접에서의 목소리와 발음은 전달력을 크게 좌우한다. 따라서 면접 1주일 전에는 매일 일정 시간을 할애하여 발성과 발음 연습에 집중해야 한다.

행동	내용
복식호흡과 발성	복식호흡을 통해 안정된 발성을 유지하는 연습을 지속한다. 이는 긴장감을 낮추고 면접 시 안정적인 목소리를 내는 데 도움이 된다.
발음 연습	정확한 발음을 위해 짧은 문장이나 중요한 문구를 반복 연습한다. 특히, 모음과 자음 발음을 명확히 하기 위해 매일 20분씩 집중 연습한다.
키톤 찾기	자신의 목소리 톤을 체크하여, 가장 자연스럽고 신뢰감을 주는 키톤을 찾고 이를 유지하는 연습을 한다. 이는 면접 시에 보다 자신감 있는 목소리를 내는 데 도움이 된다.

⑤ **복장 및 자세 점검(면접 전날)**: 면접 전날에는 복장과 자세를 최종 점검하는 것이 중요하다. 이는 면접 당일의 심리적 안정감을 높이고, 돌발 상황에 대한 대비를 철저히 하기 위함이다.

행동	내용
복장 점검	면접에 입고 갈 옷을 미리 준비하고, 복장에 주름이나 얼룩이 없는지 꼼꼼하게 점검한다. 특히 셔츠, 넥타이, 구두 등 세부적인 부분까지 확인하여 면접 당일 돌발 상황이 발생하지 않도록 대비한다.
자세 연습	면접 시 앉는 자세, 시선 처리, 손의 위치 등을 미리 연습해 둔다. 이는 면접장에서 단정하고 정중한 인상을 주는 데 매우 중요하다. 시선은 정면을 향하되, 답변이 생각나지 않을 때는 아래로 두어 신중한 모습을 연출한다.
마음가짐 점검	면접 전날에는 그동안의 준비를 되돌아보며, 긍정적인 마음가짐을 유지하도록 한다. 특히, 면접에서 자신을 어떻게 표현할 것인지에 대해 확신을 갖고 준비한 만큼만 보여주겠다는 자세를 유지하는 것이 중요하다.

⑥ **면접 당일의 준비**: 면접 당일에는 최대한 편안하고 긍정적인 마음가짐을 유지하는 것이 중요하다. 이는 면접장에서의 긴장을 완화하고 자신의 역량을 최대한 발휘할 수 있도록 도와준다.

행동	내용
마지막 복습	면접장에서 기다리는 동안 작성한 답변과 주요 내용을 간단히 복습한다. 이는 긴장을 낮추고 기억을 되살리는 데 도움을 준다.
식사와 스트레칭	아침에는 가벼운 식사를 하고, 면접장으로 이동하기 전에는 충분히 스트레칭을 한다. 이를 통해 몸과 마음을 안정시킬 수 있다.
이른 도착	면접 장소에는 면접 시작 시간보다 30분 이상 일찍 도착하여 주변 환경에 적응할 수 있는 시간을 갖는다. 이는 긴장을 완화하고 자신감을 높이는 데 도움이 된다.

취업강의 1위, 해커스잡
ejob.Hackers.com

취업강의 1위, 해커스잡
ejob.Hackers.com

해커스 따라하면 합격하는 공기업 면접 전략

PART

5대 공공기관 면접 유형 및 대비전략

01 한국철도공사

02 한국전력공사

03 국민건강보험공단

04 한국관광공사

05 HUG(주택도시보증공사)

01 한국철도공사

(1) 한국철도공사 면접 프로세스

① 필기 합격자에게 실기시험 및 면접시험 실시
- 사무영업(수송), 토목 분야는 실기시험 추가 시행
- 면접시험은 신입사원의 자세, 열정 및 마인드, 직무능력 등 종합평가

② 인성검사로 적격·부적격판정

  인성검사는 인성, 성격적 특성에 대한 검사로 적격·부적격판정(면접 당일 시행)
  ※ 인성검사 부적격 판정자는 면접시험 결과와 상관없이 불합격 처리

③ 필기시험, 실기시험, 면접시험 득점 합산해 평가

  최종합격자는 아래 표의 비율로 합산한 점수에 따라 고득점자 순으로 선발

분야	구분	필기	실기	면접
사무영업 - 수송 (공개경쟁)	실기시험 시행	50%	25%	25%
토목				
위의 2가지 분야를 제외한 나머지 분야	실기시험 미시행	50%	-	50%

(2) 한국철도공사 면접 대비전략

① '10분의 압박' 한 번에 끝나는 면접 전형
- **평가방식**: 10분 동안 상황면접과 꼬리질문, 1분 자기소개, 인성질문까지 빠르게 진행되는 면접(순서는 변동 가능)
- **평가요소**: 공기업인의 정신자세, 전문지식과 그 응용능력(직무수행에 필요한 능력 및 적격성), 의사발표의 정확성과 논리성, 예의·품행 및 성실성, 창의력·의지력 및 발전 가능성
- **간결한 답변**: 핵심만 간결하게 두괄식으로 답변한다. 답변이 길어지면 질문의 숫자가 줄어들기 때문에 질문의 의도를 반영해 구조화된 답변을 키워드 중심으로 20초 이내에 끝내는 게 좋다.
- **1분 자기소개**: 면접 초반에 진행되기 때문에 직무 역량 중심으로 제시하는 게 임팩트 있다. "자신의 직무 역량을 소개해 보세요."에 대한 답변을 토대로 준비한다.

② 상황면접 대비전략
- **진행 방식**: 별도 대기실로 들어가면 상황면접 주제와 함께 7분간 준비시간이 주어진다. 안내서, 상황질문, 메모지 등 총 3장의 A4용지가 배포된다. 1분 자기소개를 먼저 진행하고, 1분간 주어진 상황에 대해 발표한다. 발표가 끝난 후 2~3개의 꼬리질문이 주어진다.
- **직무상황 분석**: 상황면접의 평가는 주어진 상황을 고려하여 2W1H(Why, What, How)가 얼마나 잘 제시되었는지를 분석하여 이루어진다. 자의적인 해석을 하지 말고, ESG 경영선언, 환경경영방침, 철도안전보건경영방침, 한국철도 윤리헌장, 코레일 사규 등 적용기준을 정리한다.
- **체계적 구성**: 주어진 시간 동안 얼마나 체계적으로 구성하느냐에 따라 당락이 결정된다. 바로 해결방안을 제시하지 말고 '상황분석 - 해결방안'으로 구분해서 구성하는 것이 무난하다.
- **질의응답**: 논리적으로 대답하기 위해 주장을 하면 반드시 근거를 제시한다. 모르는데 억지로 아는 척하면 꼬리질문에서 바로 막히게 된다.

한국철도공사 상황면접 기출 주제

사무영업	상황	역 내에서 행상인이 승강기로 짐을 옮기고 있어 승객들이 승강기를 사용하지 못하고 있다. 이때 행상인은 짐을 다 옮기기 전까지는 다른 사람들이 승강기를 못 쓴다고 행패를 부리고 있다. 승객들은 안전 문제로 인해 승강기를 써야만 한다. 이 상황에 어떻게 대처할 것인가?
	꼬리질문	1. 행상인이 판매를 한 것도 아니고 짐만 옮긴 건데 그렇게 해도 되는 건가요? 2. 매뉴얼을 보완한다고 했는데 지금 하는 정책들이 있는데 현실성 있게 어떻게 해야 하나요?
차량-전기	상황	오늘 안에 해야 할 점검업무를 위해서 기계 부품을 구해야 하는데 상사는 기계부에게 마무리하라 하고 기계부는 전기부에서 할 일을 왜 미루냐고 한다. 본인이 봤을 때도 전기부에서 충분히 할 수 있을만한 일인데 상사는 기계부의 협조가 있기 전까지 절대 업무를 진행하지 말라고 한다. 이 상황에서 어떻게 하겠는가? (직무, 경험, 부서간 협조 등 가치관 포함한 답변 시 가산점)
	꼬리질문	1. 설득과 소통의 측면에서는 지원자분의 생각을 알겠습니다. 그래도 상사 또는 기계부가 설득이 되지 않으면 이 업무를 어떻게 수행하겠다는 말인지 알고 싶네요. 2. 일단 지원자분 너무 긴장하지 마시고요. 별거 아닌 별로 위험하지 않은 일 있잖아요, 예를 들면 이런 형광등이나 전구 교체하는 일. 열차 운행해야 하는데 상사가 이런 사소한 일까지 하지 말라고 하면 어떨까요?

③ 인성면접 대비전략

- **다양한 질문**: 1분 자기소개 후 상황면접과 꼬리질문이 주어지고 3~4개 정도의 인성면접 질문이 이어진다. 기본질문, 경험질문, 상황질문, 자기소개서 관련 질문 등 다양한 질문이 주어지며 꼬리질문이 따라오기도 한다. 경험질문만 하거나 자기소개 관련 질문만 하는 경우도 있고, 여러 가지를 섞어서 하기도 한다.
- **경험면접 대비**: 경험을 확인하려는 게 아니라 지원자의 가치관을 파악하는 것이 목적이다. 경험을 육하원칙에 맞춰 미리 정리해서 간략하게 제시한다.

- **기본질문 대비**: 성격의 장·단점, 지원동기, 입사 후 포부 같은 기본질문은 모범답안이나 특별한 답변을 하려고 하지 말고 나만의 차별화된 답변이 필요하다. 이를 위해 꼭 다른 사람의 피드백을 받아 객관화해야 한다.
- **자기소개서 질문 대비**: 자기소개서를 분석해서 예상 질문을 뽑고, 스터디원이나 주변 사람들에게 부탁하는 것이 객관성을 확보한다. 꼬리질문에 대비하기 위해 1차 답변을 토대로 한 추가질문을 다시 뽑고 2차 답변을 만들어본다.

④ 인성검사 활용전략

- **모의검사 활용**: 인성검사 모의검사를 통해 어떤 영역에 문제가 있는지부터 확인한다. 해당 영역에 관련된 질문을 집중적으로 분석한다.
- **문항 미리 읽기**: 필기교재에 나온 인성검사 문항을 미리 읽어보면서 잘못 읽는 오독을 줄인다. 질문의 의도가 이해 안가거나 답변의 방향을 모를 때는 선배나 가족 중 직장경험이 있는 분들께 물어봐 부족한 사회성을 보완한다.

(3) 한국철도공사 기출 질문

상황면접

- (사무영업) 더운 여름에 철도가 늘어지는 현상이 발생해서 근무 외 날짜에 급하게 출근해야 하는 상황이 자주 발생한다. 이때 동료들은 핑계를 대고 빠지려고 한다. 당신은 어떤 선택을 할 것인가?
- (사무영업) 코레일의 사회적 공헌활동에 대한 아이디어를 제시하라.
- (사무영업) 역무원으로서 코레일 열차상품을 어떻게 홍보할 것인가?
- (전기직) 막무가내인 상사와 어떻게 잘 지낼 것인가?
- (전기직) 최신 기술을 적용하여 코레일에 도움이 될 만한 기술방안을 말하라.
- (건축직) 이상기후로 인한 폭염으로 야외 승강장 바닥이 뜨거워지고 열차가 들어올 때 더운 바람이 불어 열차를 기다리는 고객들이 힘들어한다. 이에 대한 방안으로 대형 선풍기를 설치했는데 효과는 미비했다. 이를 창의성, 경제성을 고려하여 이 상황에 대한 방안을 말해보시오.
- (전기통신) 본인 직무에서 발생할 수 있는 위험이 뭐가 있고 이를 창의적으로 해결할 수 있는 방법을 제시하라.
- (차량직) 현장직과 구매부 사이에서 본인은 차량직을 지원해 주는 업무를 맡고 있는데, 부품조달이 지연되고 있는 상황이다. 지원업무에서 중간자 입장에서 어떻게 대처할 것인가?
- (차량직) 상사가 지금 당장 어떤 부품을 필요로 하는데, 너는 구매부에 진작 요청을 했었으나 재고가 없다고 하며 부품을 못 구했다. 하지만 상사는 막무가내식으로 부품을 요구한다. 당신은 입사한 지 얼마 되지 않은 위치로 이 상황을 매끄럽게 해결할 방법을 찾아야 한다.
- (첨단통신) 공장에서 업무 중인데 주위에 기계가 많다. 지원자는 사용법을 모르고, 주변에 아무도 없는데 기계가 고장 났다. 어떻게 대처할 것인가?
- (빅데이터) 사람들이 철도를 이용하는 빅데이터를 가지고 어디에 활용할 수 있을까?

인성면접 (경험질문)	- 평소 체계적으로 데이터를 관리한 경험이 있는가? 이것이 업무에 어떻게 도움이 될지 알고 있는가? - 전문가로서 어떠한 노력을 했고, 어떠한 마음가짐을 갖고 있는가? - 융통성을 끼고 성과를 이룬 것이 있는가? - 어떤 것을 절제해 본 경험은? - 어떤 일을 할 때 갈등을 겪었던 경험은? - 대체 근무했을 당시에 상사들한테 어떠한 평가를 받았을 것 같은가? - 자기소개서에 쓴 경험 말고 다른 뿌듯한 경험이 있는가? - 자기소개서에 나온 경험 말고 전기직 관련 경험은 없는가? - 가장 힘들었던 경험은 무엇이며, 어떻게 해결하였는가? - 인생을 살면서 도전해 본 경험이 있는가? - 해외봉사를 가서 어떤 도움을 주었는가? - 해외봉사를 통해 얻은 것으로 어떻게 회사에 기여할 것인가? - 학교에서 PPT 발표를 수행한 적이 있는가? - 있었다면 성적은 어떠했는가? - 그리고 PPT를 다른 팀원이 아니고 왜 본인이 만들었는가? - 아르바이트를 하며 겪었던 일 하나만 말해보라. - 동기와의 갈등 사례가 있는가? - 동료와의 갈등을 해결한 경험이 있는가? - 힘들게 지내는 친구를 위로해 준 적이 있는가? - 싫어하거나 일하기 싫은 상사랑 어떻게 지낼 것인가? - 동료한테 도움받은 경험이 있는가?

인성면접 (인성질문)	<ul><li>성격의 장·단점은?</li><li>자신만의 강점은? 자신의 단점은?</li><li>롤 모델 혹은 존경하는 인물은 누구인가?</li><li>가장 존경하는 CEO와 그 이유?</li><li>좌우명이 무엇인지?</li><li>반복적인 업무를 잘할 수 있는가?</li><li>규칙이나 규율을 잘 지키는지?</li><li>자투리 시간을 어떻게 활용하는지?</li><li>제일 친한 친구가 모욕해 주었을 때 어떻게 대처할 것인가?</li><li>리더십을 보인 적이 있는가?</li><li>열 사람이 수레 하나를 끌고 있는데 세 사람이 힘을 쓰지 않고 있는 상황에서 당신이 리더라면 어떻게 해결할지 과거 경험과 관련지어 말해보시오.</li><li>존경과 배려의 차이점?</li><li>자신을 어디에 빗대어 표현하시오.</li><li>가장 감명 깊게 읽은 책은?</li><li>정신적으로 힘든 일이 있을 때는 어떤 식으로 해결하는가?</li><li>어머니와 딸이 물에 빠졌다고 가정하자. 이때 누구를 먼저 구할 것인가?</li><li>꿈이 무엇인가?</li><li>다른 사람들이 자신을 볼 때 어떤 부분을 가장 먼저 본다고 생각하는가?</li><li>지금 함께 면접을 보고 있는 사람들 중 자신은 붙고 나머지 사람들은 떨어졌다면 떨어진 사람에게 어떻게 하겠는가?</li><li>가장 친한 친구 두 명이 같이 면접을 봤는데 한 명의 친구만 떨어지게 되었을 때 당신은 그 친구에게 무엇을 해줄 것인가?</li><li>평소에 스트레스를 받게 되면 어떤 식으로 푸는지?</li><li>이끌어가기 힘든 인원이 있을 때 어떻게 하겠는가?</li></ul>

인성면접 **(직무질문)**	• 직무에 대해 얼마나 알고 있는가? • 지원 업무에 필요한 역량은 무엇인가? • 사무총무 직군을 수행하면서 가장 중요한 것이 무엇이라고 생각하는가? • 업무에 빠르게 적응하기 위해서 자신이 취해야 할 태도는? • 전공을 입사 후에 어떻게 활용할 것인가? • 건축직무에는 설계/시공/구조 등이 있는데 자신이 가장 자신 있어 하는 분야는 무엇이고 그 이유는? • 건축지식을 이용해서 역사 내 보완해야 할 점이 있다면? • 지원동기는 무엇인가? 왜 철도공사에 지원했나? • 왜 OO직에 지원했나? • 인턴 때 구체적으로 무엇을 했나? • 직무가 적성에 맞지 않는다면 어떻게 하겠습니까? • 전공을 입사 후에 어떻게 활용할 것인가? • 코레일에서 자신의 전공을 어떻게 살릴 것인가? • 코레일 라운지, 멤버십 활성화 방안을 말해보시오. • 코레일이 가장 바뀌어야 할 부분은 무엇인가? • 코레일이 2017년 4개로 나뉘는데 어떻게 생각하는가? • 코레일하면 떠오르는 이미지는? • 코레일을 이용하면서 불편했던 점 좋았던 점 개선했으면 하는 사항은 무엇인가? • 한국철도공사의 부족한 점이 무엇이라고 생각하는가? • 코레일의 기업문화에 대해서 알고 있는가? 그리고 그것에 문제가 있다면 어떻게 고쳐나갈 것인가? • 현재 뜨고 있는 마이스 산업을 철도에 어떻게 접목시킬 것인가? • 애플리케이션을 제외하고 트위터나 페이스북을 통한 홍보 방법은? • 지난 설 연휴 때 익산시 함열역에서 어떤 50대 여성이 KTX에 치여 안타깝게 사망한 사고를 알고 있는가? • 어떤 원인으로 발생했다고 생각하는가? • 본인이 기관사라면 어떻게 조치할 것인가? • 기차가 역을 지나쳐 몇 미터 더 앞으로 갔다. 당신이 차장이라면 어떤 방송을 하겠는가?

인성면접 (직무질문)	- 부장 직급일 때 10억 원의 예산이 있다면 무엇을 하겠는가? - 일하는 도중에 집안에 급한 일이 있다고 연락이 왔다고 어떻게 하겠는가? - 상사와 트러블이 생긴다면 어떻게 조치하겠는가? - 프로젝트를 진행하다 보면 다른 팀원들과 의견이 다를 경우가 있는데 어떻게 해결하고 무엇을 느꼈는가? - 팀 프로젝트를 할 때에, 성향이 안 맞던 팀원이 있었는가? 있었다면 어떻게 대처했는가? - 조직 생활에서 어떻게 분쟁을 해결했는가? - 성난 민원의 대처방안은? - 노조에 대해 어떻게 생각하는가? - 파업해야 하는 경우에는 어떻게 하겠는가?

02 한국전력공사

(1) 한국전력공사 면접 프로세스

① 필기 합격 후 1차 면접(3차 전형), 2차 면접(4차 전형) 전형 실시

전형단계	평가기준	평가요소
3차 전형 (역량면접 등)	① 역량면접(150) ② 직무능력검사 　(2차 전형 결과, 50)	PT 발표·토론·실무(전공)면접 등의 방법으로 직무수행능력 평가 ※ 면접 관련 세부 내용은 추후 별도 안내
4차 전형 (종합면접)	종합면접(100)	인성, 조직적합도, 청렴수준, 안전역량 등 종합평가

② 친절하지만 복잡한 1차 면접(3차 전형)

- 필기 전형 후 자기소개서 제출(제출 기한 : 발표일 포함 2일 내)
- 실제 면접은 토론면접을 먼저 진행하고 PT발표면접과 실무면접을 묶어서 진행

구분	배점	평가 내용	평가주제(예시)	평가 요소
PT 발표면접	40	직무관련 제시된 주제 또는 상황에 대하여 발표 및 질의응답(PPT 작성 없음) * 사전준비 20분, 발표·응답 7~8분	전기요금 인상 관련 국민인식 제고를 위한 홍보방안을 기획하시오.	문제해결능력, 의사소통능력
토론면접	50	시사이슈 또는 공공정책 등 제시된 주제에 대하여 토론 * 사전준비 20분, 조별토론 30분	온라인상 가짜 뉴스 처벌에 대해 토의하시오.	설득력, 분석적 사고력, 주도성
실무(전공) 면접	60	전공지식 등 직무수행능력 개인별 질의응답 * 질의응답 7~8분(PT발표면접과 병행, PT발표+실무면접 합산 15분 내외)	비용편익 분석의 개념과 특징을 설명하시오.	직무전문성, 조직적응력

(2) 한국전력공사 면접 대비전략

① 토론면접 대비전략
- **진행 방식**: 사회자가 기조 발언, 중간 발언, 마무리 발언 시간을 지정해준다. 사전 준비 20분 동안 지원자끼리 얘기할 수 있으니 미리 의견을 조율하여 정리해야 원활한 진행이 가능하다.
- **자료 분석**: '취약계층 관광 활성화 방안' 등의 시사적인 내용이기 때문에 자료에 욕심내지 말고 사회이슈에 대해 가볍게 관심갖는 정도만 시간을 할애하는 것을 추천한다.
- **토론 연습**: 주제에 맞게 목차를 구성하여 진행 방식을 미리 구성해 본다. 모의 면접을 통해 실제 진행 과정을 연습하고 전체 의견을 종합 정리하는 마무리를 주도적으로 이끌어간다. 혼자 튀려고 하지 말고 팀원들이 함께 문제를 해결해 가며 팀워크, 리더십, 소통 능력, 문제 해결 능력을 보여줘야 한다.

② PT 발표 면접·실무(전공)면접 대비전략
- **진행 방식**: 주제를 보고 20분간 준비한 후 1분 자기소개를 한 후 발표한다. 발표 내용 관련 질문을 하고 바로 전공 질문이 이어진다.
- **자료 정리**: PT면접은 한국전력공사의 현재 사업과 주요 이슈가 주제로 주어지기 때문에 관련 자료를 충분히 분석하고, 원인-문제점-대안 등을 구분하여 체계적으로 정리한다. 전공면접은 전공에 관한 개념과 원리를 물어보기 때문에 필기 공부했던 자료를 다시 정리한다.
- **발표 연습**: 예상 주제를 토대로 20분 동안 논리적인 흐름에 맞게 미리 목차를 구성한다. 정리된 목차를 토대로 3분 전후로 발표해 보고 촬영한 후 모니터링한다. 발표 내용을 토대로 질문을 뽑아서 다시 답변을 정리해 본다.
- **전공면접 연습**: '정의-부연 설명-의견 제시' 약술 답변 형식으로 먼저 정리해 본다. 정리한 내용을 말해보고 말하기 편한 형식으로 정리하고 어려운 부분은 과감히 빼서 줄인다.

③ 종합면접 대비전략
- **진행 방식**: 4명의 면접관이 15분간 직무, 교육사항, 자기소개서 질문, 인성질문 등을 골고루 질문하여 직무 역량, 비전, 공통 역량을 평가한다.
- **직무 지식 대비**: 회사 사이트와 전문 자료를 통해 실무에 사용하는 기술에 대해 정리한다. 직무 관련 학교 교육, 직업교육, 외부 교육, 자격증에 대해서도 조사해서 요약한다.
- **자기소개서 질문 대비**: 자기소개서를 보고 꼼꼼하게 질문을 뽑고 직장 경험이 있는 선배나 가족에게 피드백을 받아서 수정한다. 그 질문에 대해 답변을 작성하고 다시 피드백 받은 후 소리 내서 말해보고 모의연습을 한다.
- **인성질문 대비**: 1차 면접과 기본적인 질문은 비슷하지만 질문을 하는 면접관의 경험과 역량이 다르다. 따라서 일차적인 답변에 머물지 말고, 자신의 가치관을 정리해서 답변을 보완한다.

(3) 한국전력공사 기출 질문

발표 PT면접	• 송·전선로 신설 시 주민들이 반대한다면 강행하겠는가? 아니면 설득하겠는가? 법적으로 문제는 없는 상황이다. • 온라인 미디어를 이용한 가짜뉴스 처벌 • 여름·겨울철 전력수급 안정을 위한 해결 방안 • 옥외 변전소 몇 개를 옥내 변전소로 교체 어떻게 이 사업을 추진해야 하나? • 태양광발전 효율성 증대 방안 • 전기차 충전소 부지 설정 및 전기차 충전기 이용률 향상 방안 • 한국전력공사의 전력망 운영 독점의 장·단점과 전력망 확충 방안 • ESS의 개념과 적용 원리 • 주택용 전기요금 선택권 확산 방안 • 배전 분야에서 경영 여건 개선을 위한 방안 • 전기요금 인상에 대한 효과적인 홍보방안

토론면접	• 불법 촬영물 확산 방지를 위해 사전검열에 찬성하는가, 반대하는가? • 재산비례처벌제도에 동의하는가, 반대하는가? • 안락사에 찬성하는가, 반대하는가? • 기본소득보장 찬성하는가, 반대하는가? • 중대범죄자 '머그샷' 공개 등 신상정보 공개 확대 • 음주운전 방지를 위한 방안
직무면접	• 한전에서 쓰는 접지방식은? • 한전에서 쓰이는 rlc는? • 차단기와 단로기가 각각 무슨 역할을 하는지 말해보세요. • 차단기의 정격전압은? • 차단기 정격차단용량은 어떻게 구하는가? • 분극의 정의, 목적, 사용처에 대해 아는 대로 말해보세요. • 전하가 이동한다고 말씀하셨는데 맞나요? • 그러면 분극의 방향과 전계의 방향은 어떻게 다를까요? → 분극의 방향과 전계의 방향은 같다고 생각합니다. • 그럼 한국전력공사에서 분극을 사용한 사용처는 뭐가 있을까요? • 전력수급용 변성기, 계기용 변성기와 재폐장치의 정의, 목적은 무엇인가요? • 유동비율, 부채비율, 이자보상비율에 대해 설명해 보세요. • 네트워크 조직이 무엇인가요? • 조직이론에서 기억나는 조직과 그 특징에 대해 말해주세요. • 관료제를 설명하고 장·단점과 극복 방안을 말해보세요. • 범위의 경제란? • 파레토 최적이란? • 시장실패와 정부실패, 원인과 해결책은? • 독점시장 정의와 특징에 대해 설명하세요. • 시장세분화에 대해 설명하세요. • 성과연봉제에 대한 생각은? • 개별재무제표와 연결재무제표의 차이는? • 조세의 부작용에 대해 말해보세요.

직무면접

- 공공재의 가격이 어떻게 결정되는지?
- 마케팅에서 3C란 무엇입니까?
- 존경하는 기업은 무엇인가?
- 기업윤리 환경 잘 지키는 회사는 어디인가?
- 한국전력공사가 이미지 개선을 위해서 어떤 홍보방안을 펼쳐야 할 것인가?
- 만약에 최종 불합격하게 된다면 어떻게 할 것인가?
- 여사원/남사원 그룹으로 체육대회에 어떤 것을 할 것인지 의견이 갈렸다. 여사원은 뮤지컬을, 남사원은 탁구를 치자고 한다. 이 상황에서 체육대회에 어떤 것을 해야 한다고 생각하는가?
- 자신이 가장 하고 싶었던 A라는 일 대신 이와 전혀 다른 B라는 일을 상사가 시킨다면 어떻게 할 것인가?
- 상사와 의견이 갈렸다. 어떻게 해야 하는가?
- 공정관리 수업에서 건축 구조물을 다루었는데, 왜 토목 구조물을 다루지 않았는가?
- 한전 토목직에서 공기단축을 적용해 보시오.
- 일하다 보면 주민과의 마찰이 생기고 주민들의 오해도 생기는데 어떻게 해결하면 좋겠나?
- 마지막으로 하고 싶은 말이 있나요?

종합면접

- 자기소개 30초~1분
- 교육사항을 2개밖에 적지 않았는데 그 이유는?
- 한국전력공사의 민원이라든가 이런 일에 매력을 느꼈다고 생각한다. 기술적인 매력은 없나?
- 신재생에너지 발전량이 늘어날 때 기존 교류 송전을 사용해도 될 텐데 HVDC가 중요한 이유는?
- MVDC와 HVDC를 연계하는 방법은?
- 인천국제공항공사에서 안전을 위해 하는 일 중 한국전력공사에 적용할 만한 것은?
- 동료와 일을 하는데 동료가 일을 나에게 떠넘긴다. 그런데 상사는 동료가 일을 잘한다고 생각하고 있다. 어떻게 할 것인가?
- 동료와 대화해도 변화하지 않는다면?
- 요즘 MZ세대에서 협업하거나 소통하는 데 있어서 가장 어려운 요인이 무엇인가?
- 송주법은 강성 민원이 많지는 않지만 그래도 민원이 많은 부서다. 강성 민원에 어떻게 대처할 것인가?

종합면접

- 직무와 관련된 자신의 강점과 약점이 무엇인가?
- 약점을 극복하기 위해 어떠한 노력을 했는가?
- 강점이 직무에서 어떻게 도움이 되는가?
- 송·변전 설비중에 개선되어야 할 부분이 무엇인 것 같나요?
- 국내 모든 설비에 765KV나 HVDC 시스템을 구축하기엔 무리가 있는 점 아실 것이다. 그렇다면 다른 방안은 무엇이 있는지 설명해 보시오.
- 국내에서 현재 TCSC 사용하고 있다는 것 아는지?
- 그러면 한국전력공사 관련하여 특별히 경험해 본 내용이 있는지?
- 자기소개서를 보면 사고를 예방했다고 하셨는데 구체적으로 말씀해 주세요.
- 왜 그게 단락 상황인 거죠?
- 민원인이 찾아와서 회사 규정을 위반한 사항을 두 달째 계속 화를 내며 요구할 경우 어떻게 대처하실 건가요?
- 팀원과 의견 마찰이 있으면 어떻게 하실 건가요?
- 본인은 리더인지, 팔로워인지?
- 마지막으로 질문 또는 하고 싶은 말

03 국민건강보험공단

(1) 국민건강보험공단 면접 프로세스

① 필기 합격자 중 인성검사 후 면접
- 인성검사는 채용사이트에서 온라인으로 개별 실시
- 인성검사 및 증빙서류 제출 완료자만 면접대상

② 복잡한 면접 방식
- 토론면접과 경험행동면접(BEI)와 토론면접이 시행되다가 코로나로 인해 토론면접이 상황면접(SI)으로 대체되었다가 2023년 하반기부터 토론면접이 다시 추가됨
- 多대1 면접(면접위원 3명, 지원자 1명)에서 2023년 하반기부터 조를 편성해서 진행하는 多대多 면접(지원자 5인 1조)으로 변경됨
- 토론면접 후 이동하여 상황면접과 경험행동면접 진행

면접방법	진행 방식 및 평가요소
경험행동면접 (BEI)	개인의 과거 경험 등 질문을 통해 지원자의 직무 역량과 인성, 가치관, 태도 등 미래의 역량 수준을 예측 ※ 인성검사 결과를 면접관에게 참고 자료로 제공하여 맞춤형 면접 실시
상황면접(SI)	가상의 직무 관련 상황을 제시, 그 상황에서 취해야 할 행동에 대한 질의·응답으로 진행 → 제시된 주제에 대해 지원자의 상황판단 능력과 대처능력 등 평가
토론면접(GD)	지원자 간 협업을 통한 공동의 문제 해결 과정을 관찰, 개인의 직무 역량 및 소통·협업능력 등 평가

③ 토론면접(GD)
- 조별(5인 1조)로 대기장에서 대기하다가 별도 공간으로 이동, 토론 주제(관련자료 포함)와 메모지 제공하나 조원과 대화는 불가능함
- 10분간 토론 주제에 대해 각자 정리하고 토론면접장 앞에서 5분 대기하다가 입장, 2명의 면접관 앞에서 30분간 토론 진행(결원 있으면 6분씩 줄임)
- 진행 방식은 자유로우며 아무나 사회자 역할 가능

④ 상황면접(SI)
- 토론면접 후 별도 면접장으로 이동, 이동 중 약간의 잡담 허용, 면접장 앞에서 잠시 대기 후 입장
- 3명의 면접관 앞에서 5명의 지원자가 앉아서 순서대로 진행
- 상황면접 주제가 주어진 종이를 면접관이 읽어주고 2분간 주제에 대해 답하고 꼬리질문까지 진행됨

⑤ 경험행동면접(BEI)
- 과거부터 현재까지 지원자가 가지고 있는 행동 경험을 토대로, 개인의 역량을 확인하는 면접 과정
- 상황면접이 진행되는 동일한 공간에서 바로 반대 순으로 진행, 2개의 메인 질문에 꼬리질문이 이어짐
- 최근에는 자기소개, 지원동기 등 기본질문 없어지고 공통질문만 주어짐

⑥ 최종합격자 선발
- 면접 위원 평균점수에 우대 가점 및 증빙서류 확인 결과를 반영한 최종점수 고득점자순으로 선발
- 면접점수 60점 미만인 사람은 불합격(과락) 처리

(2) 국민건강보험공단 면접 대비전략

① 토론면접(GD) 대비전략
- **자료 조사**: 홈페이지와 블로그, 관련 기사를 통해 건강보험공단의 사업에 대해 조사하고 체계적으로 정리한다. 실제 면접에서 주제 관련 자료가 주어지지만 아는 지식이 없으면 이해하기 어렵다.
- **멘트 정리**: 본인이 발표할 내용은 기조 발언과 마무리 발언으로 나누어 정리한다. 필기 공부가 아니기 때문에 발표한다는 전제로 본인의 생각을 미리 텍스트로 적어본다.
- **스터디 활용**: 실제 토론을 하면서 사회자, 정리 등 다양한 역할을 시도해 본다. 본인의 순서에만 답하려고 하지 말고 전체 내용을 요약 정리하려는 노력을 보여야 한다. 다른 팀원의 좋은 아이디어는 따로 메모해서 활용한다.

② 상황면접(SI) 대비전략
- **직무 상황 분석**: 상황면접의 평가는 주어진 상황을 고려하여 2W1H(Why, What, How)가 얼마나 잘 제시되었는지를 분석하여 이루어진다. 자의적인 해석을 하지 말고, 윤리/인권경영 행동기준, 고객만족경영 고객헌장, 안전보건경영방침, 국민건강보험공단 임직원 윤리 및 행동강령, 사무관리규정, 직원고충처리요령 등 적용기준을 정리한다. 다양한 기출 질문을 통해 판단의 적용할 기준을 미리 정리한다.
- **체계적 구성**: 주어진 시간 동안 얼마나 체계적으로 구성하느냐에 따라 당락이 결정된다. 바로 해결방안을 제시하지 말고 '상황분석 - 해결방안'으로 구분해서 구성하는 게 무난하다.
- **질의응답**: 논리적으로 대답하기 위해 주장을 하면 반드시 근거를 제시한다. 모르는데 억지로 아는 척하면 꼬리질문에서 바로 막히게 된다.

③ 경험행동면접(BEI) 대비전략
- **경험 정리**: 직무와 관련된 실제 경험을 육하원칙에 맞게 미리 정리하여 간결한 답변을 만든다. 본인의 경험이라도 즉흥적으로 답하려고 하면 장황해질 수 있다.

- 가치관 정리: 문제해결능력, 고객서비스능력 등 NCS 직업기초능력과 관련된 역량별로 경험을 정리하고 가치관이나 방법을 보완한다. 단순한 경험나열식 답변이 되지 않으려면 구체적인 방법을 별도로 조사해야 한다.
- 모의 인성검사: 모의 인성검사를 통해 자신이 부족한 부분을 미리 파악하고 그와 관련된 질문을 미리 준비해 본다.

(3) 국민건강보험공단 기출 질문

토론면접 (GD)	• 핵가족화로 인한 청년, 중장년층 1인 가구 돌봄 서비스 지원 방안 • 데이터 3법과 관련된 빅데이터 활용 방안 • 젊은 층의 알코올 섭취율 증가에 대한 방안 • 장애인 인식 개선 방안 • 장애인의 건강권 보장 • 건강보험 생활형 연체자들 개선 방향 • 간호간병 통합서비스 확대 방안 • 노인 부양비 증가 대책 • 노인 건강 증진 활성화 방안 • 장기요양보험 인프라 확충 방안 • 장애인 의료권 보장을 위한 해결 방안 • 청년층 및 중장년층 1인 가구 고독사를 방지하고 관리할 수 있는 방법 • 소아의료체계 개선 방안 • 난임 해결 방안 • 공황장애 만성화에 대한 해결 방법 • 폐의약품 수거 활성화를 위한 우편서비스 개선 및 구체적 방안 • 1인 가구 지원사업 방안 • 건강생활실천금지원제도 개선 방안 • 소아·청소년 비만 문제 예방 방법 • 청소년 운동 사업

토론면접 (GD)	• 외국인 환자 유치 방안 • 분만 취약 지원 사업 • 탈시설화 장애인 자립 지원 방안 • 20대 저소득자 체납 징수 개선 방안 • 저소득층의 체납 징수를 효율적으로 극복할 수 있는 방법 • 정신질환자의 원활한 사회 복귀를 위한 개선 방안 • 방문 의료의 효율성을 제고할 수 있는 전략 • 청년층을 위한 검진의 홍보 전략 • 암 환자의 만성 질환을 치료하고 효과적으로 관리할 수 있는 방법 • 장기요양급여에 대한 부정수급을 방지할 수 있는 전략 • 영유아 수검률이 낮은 원인에 대한 현상 분석 • 부과 체계 개편에 따른 효율적인 징수 전략 도출
상황면접 (SI)	• 팀장에게 보고해야 하는데 상사가 그 전에 자기에게도 보고하라고 하였다. 비효율적인데 어떻게 할 것인가? • 시범 사업을 신청하고 싶은 노인이 있다면 어떻게 응대할 것인가? • 동료가 너무 많은 민원인을 응대하여 업무가 과부화되는 경우 어떻게 도울 것인가? • 원래 거래하던 거래처가 있는데, 내가 생각했을 때 더 좋은 거래처가 있다. 우리 회사는 계속해 오던 거래처와 정이 있다며 바꾸기 어렵다는 입장이다. 어떻게 할 것인가? • 용역 업체를 관리하던 중 비리를 목격했다면 어떻게 할 것인가? • 상사가 업무 외의 이유로 자리를 비우는 경우가 많다. 그래서 같이 하는 프로젝트 및 업무에 대해 문의사항이 생겨도 여쭤볼 수가 없는 상황이다. 어떻게 할 것인가? • [꼬리질문] 이렇게 협업하다가 갈등이 생긴 경우 어떻게 해결하시나요? • 상사의 지시로 업무 매뉴얼를 배포했지만, 동료들이 이를 신경 쓰지 않는다면 어떻게 대처할 것인가? • 업무를 수행할 때 두 명의 선임에게 컨펌받는 상황이다. 두 사람의 평가와 지시사항이 다른 경우 어떻게 대처할 것인가? • 재난적 의료비의 대상이 아님에도 이를 지원해달라고 우기는 민원인이 있다면 어떻게 대처할 것인가?

상황면접 (SI)	• 멘토링을 받고 있는데 동료의 멘토는 적극적으로 알려주는데 내 멘토는 업무가 바쁘다는 핑계로 나를 도와주지 않고 있다. 어떻게 대처할 것인가? • 외근 중 상사의 불성실한 업무 태도로 본인에게 불이익이 생긴다면 어떻게 할 것인가? • 업무 회의를 주 1회하다가 상사가 주 2회로 늘리자고 한다. 하지만 직원들은 비효율적이라며 싫어한다. 이때 본인의 대처는?
경험행동면접 (BEI)	• 일이 너무 많아 해결하는 데 어려운 상황에 일정 관리를 잘하여 해결했던 경험이 있는가? • [꼬리질문] 그럼 '본인이 생각해도 와~ 이건 너무 좋은 일정 관리 방법이다' 라고 생각해서 후배들에게 전수한 적이 있나요? • 난처하거나 어려운 상황에 있는 사람의 화를 누그러뜨리고 응대한 경험이 있는가? • [꼬리질문] 그랬을 때 민원인의 반응은? • 전문성 향상을 위해 어떤 노력을 했는가? • [꼬리질문] 업무 매뉴얼 구성은 어떻게 했나? • 타인으로부터 들었던 안 좋은 점을 말하고 그것을 극복하기 위해 어떤 노력을 했는가? • [꼬리질문] 어느 부분이 자주 틀렸는가? • 일을 잘한다고 생각하는 사람은 어떤 사람인가? • [꼬리질문] 그런 사람을 만난 적이 있는가? • [꼬리질문] 그러기 위해서 어떤 노력을 했는가? • 효율적으로 일 처리를 했던 경험이 있는가? • 부당한 일을 당해본 경험이 있는가? • 인간관계를 맺어가면서 어려웠던 경험이 있는가? • 어떤 것을 성취하고 이루기 위해 노력했던 경험이 있나요? • 가장 큰 성취한 경험은? • 본인이 주도하여 일을 진행한 경험이 있나요? • 고객을 응대했던 경험이 있나요? • 떠밀려서 한 경험과 의지 없이 한 경험이 있나요? • 타인을 설득했던 경험이 있는지? • 누군가를 설득하여 감동을 준 경험이 있는가?

경험행동면접 (BEI)	- 팀워크를 통해 무엇인가를 성공해 낸 경험이 있나요? - 집단 내 갈등을 해결한 경험이 있는가? - 자신이 주도적으로 무언가를 해봤던 경험은? - 자신이 했던 프로젝트 내용과 프로젝트를 하면서 힘들었던 경험을 말해보시오. - 자신이 살면서 많이 힘들었던 경험에 대해 말해보고, 그런 어려움이 생긴 원인이 무엇이라고 생각하는가? 또한 만약 지금 같은 상황에 처해진다면 어떻게 할 것인지 말해보시오. - 갈등 상황이 생겼을 때 그것에 어떻게 대처를 하나요? - 본인의 가치관으로 볼 때, 원칙이 우선인가요, 융통성이 우선인가요? - 퇴근 후 친구와 선약이 있는데, 직장상사가 초과로 근무하기를 원한다면 어떻게 할 것인가요? - 상사와 트러블이 생기면 어떤 방법으로 해결할 것인가요? - 상사와의 갈등 시 어떻게 대처할 것인가요? - 상사의 부당한 지시를 어떻게 풀어나갈 것인가요? - 직장생활을 하면서 무엇이 가장 중요하다고 생각하나요? - 모르는 사람이 찾아왔을 때 그 사람에게 어떻게 접근하고, 그 사람에 대한 정보를 어떻게 알아낼 것인가? - 자신이 서비스를 받으며 불만을 가진 경험을 말해보고 입사 후에 혹시 그러한 고객을 만났을 경우 어떻게 응대할 것인가요? - 국민건강보험공단의 핵심 가치 중 화합과 배려가 있다는 것은 알 것이다. 입사 후 직장동료 중에 일은 안하면서 조직의 이익은 똑같이 나누어 가져가는 프리라이더가 있을 때, 이들과도 화합과 배려를 해야 한다고 생각하는가?

04 한국관광공사

(1) 한국관광공사 면접 프로세스

① 면접 전형절차

단계별로 이전 단계의 성적과 관계없이 해당 전형 점수만을 평가하는 허들 방식 적용

부문		1차 면접	2차 면접
일반, 장애인, 취업지원대상자		• 직무능력면접(70%): 직무 상황에 대한 발표(PT) 및 질의 등 • 외국어면접(30%): 회화 및 독해 능력 등 평가	• 역량면접(100%): 조직 적합성, 적응 능력, 일반 인성 등 평가(100%)
전문	데이터	• 직무능력면접(70%) : 직무 상황에 대한 발표(PT) 및 질의 등 • 기술면접(30%) : 직무 지식 평가 및 직무 경험 질의 등	
	개발(관광개발)		

② 최종합격

- 1, 2차 면접 전형 70점(100점 만점) 이상인 득점자 중, 총 득점의 고득점순으로 합격
- 취업지원대상자 채용 부문은 총 득점의 고득점순으로 합격

(2) 한국관광공사 면접 대비전략

① PT면접 대비전략

- 진행 방식: 20분간 준비 시간이 주어지고, 4명의 면접관 앞에서 30분간 진행되는데 5분 이내 발표하고 남은 시간 동안 질의응답이 이어진다. 질의응답 시간은 10~15분간 진행된 적도 있다.

- **자료 정리**: 관광산업의 트렌드, 문제점 등이 주제로 주어지기 때문에 관련 자료를 충분히 조사해 분석하고, 원인-문제점-대안 등을 구분하여 체계적으로 정리한다. 구체적인 사례나 대처방안까지 정리해야 추가 질문에 대비할 수 있다. 꼬리질문에 대비하기 위해 마케팅 관련 지식을 공부하는 것도 도움이 된다.
- **발표 연습**: 예상 주제를 토대로 20분 동안 논리적인 흐름에 맞게 미리 목차를 구성한다. 정리된 목차를 토대로 5분 전후로 발표해 보고 촬영한 후 모니터링한다. 발표 내용을 토대로 질문을 뽑아서 다시 답변을 정리해 본다.

② 영어면접 대비전략

- **진행 방식**: 관광 관련 주제의 기사를 10분간 읽고(메모 가능), 5분간 관련 내용에 대해 간단하게 3개 정도 질문하고, 자유롭게 개인에 대한 질문이 5분간 이어진다. 외국인 2명을 포함해 3명의 면접관 앞에서 多대1로 진행되는데 이전에는 외국인 1명, 한국인 1명이 면접관으로 들어오기도 했다.
- **자료 정리**: PT면접을 준비하는 주제로 배경지식을 쌓고 가능하면 영어로 된 기사를 따로 읽어본다. 관광통역안내사 자료나 OPIC이나 토익스피킹 시험 중 국내외 여행을 주제로 한 질문을 꼭 정리하기를 추천한다.
- **말하기 연습**: 기본적인 의사소통이 가능한지 여부를 평가하는 정도지만 평소에 영어를 연습하기 위해서는 전화영어라도 매일 조금씩 하는 게 좋다. 어느 부서에서 일하고 싶은지, 한국의 어느 지역을 추천하고 싶은지 등 기본질문은 꼭 준비해 둔다.

③ 역량면접 대비전략

- **진행 방식**: 20분 동안 면접관 4명 앞에서 多대1로 진행된다. 자기소개서에 기재된 경험 및 경력에 대한 질문부터 인성, 기업 및 사업 관련 질문 등 다양한 질문이 주어진다.
- **직무질문 대비**: 먼저 회사 사이트와 전문자료를 통해 한국관광공사의 사업과 관광산업에 대해 정리한다. 한국관광공사 현직자 인터뷰나 관련 기사를 조사하는 것도 도움되며 마이스산업, 오버투어리즘 등 관광학에 나오는 관광 용어를 공부해 두면 유용하게 활용할 수 있다. 직무 관련 경험이 있다면 답변에 녹여내는 연습도 필요하다.

- **자기소개서 질문 대비**: 자기소개서를 보면서 꼼꼼하게 질문을 뽑고 직장 경험이 있는 선배나 가족에게 피드백을 받아서 수정한다. 그 질문에 대해 답변을 작성하고 다시 피드백 받은 후 소리 내서 말해보고 모의 면접을 한다. 스터디원들끼리 모의 면접을 하면서 꼬리질문을 체크해 보는 것도 추천한다.

(3) 한국관광공사 기출 질문

직무능력 면접	PT 주제	• 코로나 대응 방안 및 나아가야 할 방향은? • 가장 효과적인 한국 관광사업에 대해 말해보시오. • 농어촌과 섬 지역의 관광 자원을 어떻게 효과적으로 활용할 수 있을지에 대한 구체적인 전략을 제시하시오. • 힐링/웰니스 관광이 최근의 여행 트렌드로 부상한 이유는 무엇이며, 이를 바탕으로 한국에서의 힐링/웰니스 관광 전략을 구체적인 방안에 대해 제시하시오. • 코로나로 인한 관광업계 변화 및 대응 방안 • 관광 벤처 활성화 방안 • 코로나 시대에 조속한 관광 재개를 위한 방안과 안전한 여행 기반을 위한 공사의 역할(자료: 코로나 이후 관광수지 및 여행객 감소 그래프, 최근 인기를 끌고 있는 여행 트렌드(캠핑, 나홀로 여행족 등)에 관한 다양한 통계 및 기사 자료) • 친환경 여행을 실현하기 위한 구체적인 전략은 무엇이며, 이를 통해 지속 가능한 관광을 추구할 수 있는 방법에 대해 구체적으로 제시하시오. • 한류를 활용하여 한국의 관광산업을 활성화하는 전략을 구체적으로 제안하시오. 특히, 한류를 활용하여 어떻게 더 많은 외국인 관광객을 유치할 수 있을지에 대해 구체적인 제안을 하시기 바랍니다. • 반려동물과 함께하는 여행이 증가하는 이유를 분석하고, 이를 바탕으로 반려동물과 함께하는 여행을 지원하는 전략을 어떻게 구성해야 하는지, 관광공사의 홈페이지를 바탕으로 발전 전략을 제시하시오. • 살아보기 여행의 가치와 더 나은 경험을 하기 위한 새로운 여행상품은 어떤 것이 있는지에 대해 구체적으로 제시하시오. • 열린 관광은 다양성을 존중하는 관광전략으로 어떤 상품이 있는지와, 더 발전적인 관광전략에 대해 구체적으로 제시하시오.

PT 주제	• 미식 여행이란 어떤 형태의 여행인지 설명하고, 이를 통해 어떤 새로운 여행 경험을 제공할 수 있을지 한국의 미식을 활용한 여행전략을 구체적으로 제안해 보세요. • K-콘텐츠와 지역관광을 연계한 관광산업 발전 방안을 제시하시오. • 본인이 최근에 가본 관광지는 어디인가?
추가 질문	• 자기소개 • (자기소개서 관련) 한국관광공사에서 벤처기업 육성을 어떻게 해야 하는가? • 나홀로 여행족이 중요해지고 있다면, 단체 여행객을 대상으로 하는 기업은 어떻게 지원할 것인가? • 왜 코로나 시대에 가족이나 친구가 아닌 나홀로 여행족을 특히 목표로 해야 하는가? 소규모로 가면 안 되는 것인가? • 발표 중 스마트관광도시에 대해 언급했는데 이것에 대해 자세히 말해보시오. • 내국인이 아닌 외국인에게 어떻게 홍보할 것인가? • 우리나라에 숨겨진 명소가 많다고 하는데 최근 가본 숨겨진 명소는? • 제주도에서 집단 감염이 일어나고 있는데 안전하게 여행할 방법은? • 나홀로 여행족을 위한 여행 콘텐츠에는 무엇이 있는가? • 현재 관광공사 유튜브에 버추얼 유튜버 같은 콘텐츠가 있는데 랜선 여행 콘텐츠를 더 확대해야 할 필요성이 있는가? • 코로나 이전과 이후를 비교하였을 때, 나에게 관광의 의미는? • 2030 세대 외에 시니어 세대에게 홍보 방안은? • 한국 관광의 단점으로 서울 집중에 대해 말씀하셨는데, 만약 본인이 담당자가 된다면 가장 먼저 개선해 보고 싶은 지방 관광지는 어디이고, 그 이유는 무엇인가요? • 한국 관광의 강점이 안전함과 편리함이라고 했는데, 아무래도 지방은 서울에 비해 인프라가 부족하므로 관광 만족도가 떨어 질 수밖에 없습니다. 이에 대한 대안이 있을까요? • 사무용품이 적절히 사용되도록 관리했다고 했는데, 구체적으로 어떻게 관리를 했는지 말씀 부탁드립니다. • 소통국에서 설문 결과를 정리하는 과정이 인상 깊은데, 혹시 이러한 방법을 정리하여 주변 동료나 후임자에게도 전달을 했나요?

추가 질문	• 자기소개서에 있는 소통국에서의 활동을 제외하고 분석적인 태도를 토대로 성과를 나타낸 경험이 있다면 구체적으로 말씀해 주시길 바랍니다. • 주제 선정 과정에서 절충안을 제시했다고 했는데, 최초 본인의 의견과 절충안은 어떤 차이를 가지고 있나요? • 과장님과의 소통 과정에서 가장 힘들었던 점을 구체적으로 말씀해 주시길 바랍니다. • 현장실습을 제외하고 다른 연령대의 사람들과 소통을 통해 성과를 이루어낸 경험이 있을까요? • 평소에 공정성이라는 가치의 실현을 위해 본인이 하는 노력이 있을까요? • 마지막으로 할 말은?
외국어면접	• 자기소개 • 지원동기 • 마지막으로 하고 싶은 말은? • 입사하면 어떤 일을 하고 싶은가? • 외국인에게 추천하고 싶은 한국 관광지가 있는가? • 주어진 지문을 읽고 요약, 설명하시오. • 주어지는 기사를 영어로 요약하시오. • 학교 공부 설명 • 한국의 샤머니즘에 대해 설명하시오. • 한국 명절 중 하나를 선택하여 설명하시오. • 주제: '트래블테크(Travel + Technology)'와 4차 산업혁명으로 인한 기술과 여행의 접목(영어지문) • [꼬리질문] 지문에서 나오는 트래블테크란 무엇인가? • [꼬리질문] 트래플테크를 활용하거나 직접 사용해 본 경험을 말해보시오. • [꼬리질문] 트래블테크가 중요한 이유는? • 입사 후 어떤 팀에서 무슨 업무를 하고 싶은가? • 마케팅 이야기를 계속하는데, 대학에서 마케팅 공부를 한 것인가? • 어떠한 채널이 홍보에 가장 효과적이라고 생각하는가?

외국어면접	- [주제] 웰니스 관광 - 과거의 관광과 웰니스 관광의 차이는 무엇인가? - 웰니스 관광이 왜 유행하고 있는가? - 웰니스 관광은 최근에 탄생한 개념인가? - 당신이 공사에 입사하게 된다면, 5년 후에는 어떤 모습일 것 같은가? - 3년 뒤의 관광산업 형태는 어떠할 것 같은가? - 당신이 가장 좋아하는 여행지는? - 당신이 가장 최근에 여행한 곳에 대해 설명하시오. - 여행은 당신에게 무슨 의미인가? - [주제] 2022 Domestic Tourism Trend 'HABIT-US' - 나에게 관광이란 어떤 의미인가? - 지원동기 - 외국인 친구에게 추천하고 싶은 국내 여행지가 있는가? - 여행 갈 때 주로 누구와 가는가? - 5년 뒤 KTO에서 본인의 모습은? - How much do you know about KTO?
역량면접	- 자기소개 - 지원동기 - 마지막으로 하고 싶은 말은? - [경력직] 이직/퇴직 사유는? - 입사하면 구체적으로 어떤 일을 하고 싶은가? - 당사에 대해 아는 대로 말해보라. - 지원직무에서 어떤 일을 하는지 아는가? - 입사 후 포부는? - 자신의 단점과 극복 방안 - 면접관들이 한국관광공사에서 시행하고 있는 OO사업에 대해 전혀 모른다고 가정하고 소개하시오. - 자기소개서에서 한국관광공사의 단점을 OO라고 적었는데 이에 대한 해결방안을 말해보시오.

역량면접

- 관광 용어 OOOO를 알고 있는가?
- 관광업이란 무엇인가?
- 외국인 친구에게 소개하고 싶은 한국의 관광지와 그 이유는 무엇인가?
- 한국관광공사에 위협 요인은 무엇인가?
- 현재 한국 관광 산업의 문제점이 무엇이라 생각하는가?
- 대한민국이 왜 여행하기가 안 좋은 나라로 인식되어 있는지 설명하시오.
- 한·중·일 관광의 차이점은?
- 한국관광공사 홈페이지에서 개선해야 할 점
- 최근 관광 이슈가 무엇이라고 생각하는가?
- 4차 산업혁명과 관련해 한국관광공사가 나아가야 할 방향 제시하시오.
- 국내 관광 활성화 방안
- 일 년에 한국을 방문하는 외국인 수는?
- 스마트 관광이 필요한 이유는 무엇인가?
- 스마트 관광에서 스마트의 의미란?
- 개발해 보고 싶은 관광상품이 있는가?
- 원주 근무가 가능한가?
- 자신의 직무 경험을 말해보시오.
- 봉사활동 경험을 말해보시오.
- 존경하는 인물은?
- 자신의 롤 모델은?
- 집이 OOO던데 회사에 어떻게 출근할 것인가?
- 창의력을 발휘한 경험은?
- 자발적으로 개선해 본 경험은?
- 갈등 상황에 대처한 경험을 말해보시오.
- 상사가 부당하거나 불법한 지시를 내린다면 어떻게 대처할 것인가?
- 고객이 불만을 가졌을 때 이를 대처할 것인가?
- 주위에서 자신을 어떻게 평가하는가?

역량면접	- 당사를 알게 된 계기는? - 가능한 외국어는? / 외국어 실력은 어느 정도 수준인가? - 팀 동료와 갈등이 생긴다면 어떻게 대처할 것인가? - 직무 경험이나 경력이 있는지? - 상사의 부당한 지시에 대처할 방법이 있는가? - 다른 동료들과 잘 일할 수 있는지? - 자격증을 많이 딴 이유는? - [꼬리질문] 앞으로 따고 싶은 자격증은? - 의사소통에서 가장 중요한 것은? - 주변의 본인에 대한 평판은? - [꼬리질문] 만약 본인과 정반대 사람과 의사소통을 할 때 대처법은? - 자기소개서 5번 문항에 한국관광의 장점으로 안전하고 편리함을 꼽았는데 현재에도 그렇게 생각하는가? - [꼬리질문] 그렇다면 어떻게 개선할 것인가? - 한국관광공사 입사 후 기획하고 싶은 콘텐츠가 있는가? - [꼬리질문] 해당 콘텐츠와 비슷한 사업은 무엇이 있는가? - [꼬리질문] 기획할 때 어떤 어려움이 예상되는가? - 공사의 비전을 달성하는데 본인의 역량은? - 자격증 중에서 가장 실무에 도움 될 만한 것은? - [꼬리질문] 사조사 2급 실무에서 활용 가능한가? - 기획이 장점이라면 합격해서 들어오면 무엇을 기획할 것인가? - 창의적으로 일을 한 경험은? - 공백기에 뭘 했나요? - 한국관광공사를 어떻게 알게 되었는지? - 한국관광공사에서 근무하고 싶은 부서가 있는가? - 한국관광공사 지사가 몇 개인지 아는가? - 한국관광공사 해당 직무에서 가장 필요한 역량이 무엇이라고 생각하는가? - 본인의 직무적 강점이 무엇인가?

05 HUG(주택도시보증공사)

(1) HUG(주택도시보증공사) 면접 프로세스

① 필기 합격 후 사전 온라인 검사 실시

구분	평가대상	평가방식	평가내용	비고
온라인 AI면접	<신입직> • 관리 6급 • 관리 7급	온라인 대면문답 (카메라 촬영)	면접 전형 평가요소 관련 질문 등을 통한 사전 역량검증	평가점수 미반영 (면접 참고자료)
온라인 인성검사	<전분야> • 관리 6급 • 관리 7급 • 경력직 • 경영지원직	온라인 필기검사	인성검사 문항을 통해 기본인성 및 행위특성 등 파악	

② 1차 면접 전형

구분	평가방식 및 세부내용
신입직 (관리 6급, 7급)	① 직무면접(40점) • 심층 질문을 통해 공사 직무 역량 및 조직 적합성 등 지원자에 대한 직무 수행능력 검증 • 면접 방식은 多대1 형식의 '구술면접'으로 진행(인당 10분) ② PT면접(30점) • 공사 직무, 사회 전반 이슈 등의 주제에 대해 준비시간 제공 후 발표 + 질의응답을 통해 문제 해결 능력 등 직무 수행 능력 검증 • 전산분야는 'C언어계열(C, C++, C#) 및 Java'언어를 이용한 프로그래밍 및 SQL 문제가 출제되며, 준비시간 제공 후 발표 및 질의응답을 통해 직무 수행 능력 검증 • 면접 방식은 多대1 형식의 '발표 및 질의응답'으로 진행 • 인당 20분의 준비시간 후 10분 발표 및 질의응답 ③ 인성면접(30점) • 인재상 및 핵심 가치, 조직 문화 등에 부합하고 고객지향적이며 성과 창출 중심의 지원자 인성 검증 • 면접 방식은 多대1 형식의 '구술면접'으로 진행(인당 10분)
경력직 경영지원직	① 경력실적 및 역량발표 PT(100점) • 방식: 분야별 지원자 수행경력 등 발표(표지 등 제외 본문 5~10장 이하) • 발표는 5~10분 이내, 질의응답 및 추가역량검증 질문 10분 이내 • 발표주제: 지원자 수행경력 개요 및 본인의 역량 발휘 계획 등

③ 2차 면접

- **평가방식**: 직무심층면접으로 면접 방식은 多대多 형식의 '구술면접'으로 진행(인당 10분)
- **선발기준**: 면접위원 점수 중 최고점 및 최저점수 각 하나를 제외하여 100점 만점으로 환산한 후, 우대 가점을 더한 최종점수 고득점자 순으로 선발

(2) HUG(주택도시보증공사) 면접 대비전략

① 온라인 AI 면접 중 대응방법
- **카메라 응시**: 질문에 답변할 때 카메라를 응시하는 것이 마치 눈 맞춤을 하는 것처럼 보인다. 이는 자연스러운 인상을 줄 수 있으며, 면접관과의 연결감을 강화한다.
- **바디랭귀지와 표정**: 자세를 곧게 하고, 적절한 미소와 끄덕임으로 관심을 표현해야 한다. 비록 비대면이지만 면접관에게 긍정적인 신호를 보내는 것이 중요하다.
- **노트 활용**: 간단한 참고 노트를 준비해 두고, 필요할 때 간단히 보는 것이 좋다. 하지만 너무 자주 보지 않도록 주의해야 한다.

② 직무면접/직무심층면접 대비전략
- **전문 지식**: 주택도시보증공사의 주요 업무와 관련된 지식을 철저히 준비해야 한다. 사업과 보도자료를 통해 주요 업무를 정확하게 이해한다.
- **실제 경험**: 본인의 직무와 관련된 실제 경험을 바탕으로 구체적이고 명확한 답변을 준비해야 한다.
- **시장 동향**: 부동산 시장 및 주택 정책의 최신 동향을 숙지하고 자신의 견해를 논리적으로 정리한다.

③ PT면접 대비전략
- **자료 분석**: 제시된 주제에 대해 충분히 분석하고, 논리적이고 체계적인 자료를 준비한다. 대부분 주택도시보증공사의 사업에 대해 발표하는 주제이기 때문에 직무면접을 준비하듯이 준비해야 한다.
- **발표 연습**: 발표 내용을 간결하고 명확하게 전달할 수 있도록 반복 연습한다.
- **질의응답 준비**: 예상 질문에 대한 답변을 미리 준비하여 유연하게 대응할 수 있도록 해야 한다.

④ 인성면접 대비전략
- **자기소개서 기반 준비**: 자기소개서에 작성한 내용과 일관되게 답변할 수 있도록 준비해야 한다. 그 외에도 기출 질문을 수집하여 자신에 맞는 답변을 미리 작성해서 숙지해야 한다.

(3) HUG(주택도시보증공사) 기출 질문

직무면접	• 주택도시보증공사의 주요 업무와 관련하여 본인의 경험을 설명해 주세요. • 부동산 시장의 최근 동향과 이에 대한 본인의 견해는 무엇인가요? • 위기 상황에서 어떻게 대처할 것인지 예를 들어 설명해 주세요. • 조직 내에서 갈등이 발생했을 때 어떻게 해결할 것인지 설명해 주세요. • 주택 보증 서비스의 중요성에 대해 설명해 주세요.
PT면접	• 주택도시보증공사의 새로운 서비스 개선 방안을 제안해 주세요. • 현재 주택 정책 중 개선이 필요한 점과 그 이유를 설명해 주세요. • 주택도시보증공사의 경쟁력을 높이기 위한 방안을 발표해 주세요. • 프로젝트 관리 시 발생할 수 있는 리스크와 그 해결 방안을 제시해 주세요. • 주택 시장의 미래 전망에 대해 발표해 주세요.
인성면접	• 본인의 장·단점에 대해 설명해 주세요. • 주택도시보증공사에서 일하고 싶은 이유는 무엇인가요? • 팀워크의 중요성에 대해 본인의 경험을 바탕으로 설명해 주세요. • 스트레스를 어떻게 관리하는지 설명해 주세요. • 성공적으로 이뤄낸 프로젝트 경험을 공유해 주세요.

직무심화면접	• 지원한 직무와 관련된 주요 프로젝트 경험에 대해 설명해 주세요. • 주택도시보증공사의 주요 업무 중 하나를 선택하여 설명하고, 그에 대한 본인의 견해를 말해보세요. • 최근 주택 시장 동향에 대해 어떻게 생각하며, 그에 따른 공사의 역할은 무엇이라고 생각하나요? • 직무 수행 시 직면할 수 있는 어려운 상황과 이를 해결한 경험이 있으면 이야기해 주세요. • 본인의 직무 역량을 향상시키기 위해 최근에 한 노력은 무엇인가요?

취업강의 1위, 해커스잡
ejob.Hackers.com

취업강의 1위, 해커스잡
ejob.Hackers.com

해커스 따라하면 합격하는 공기업 면접 전략

PART

공공기관 빈출 면접 유형 및 유형별 기출문제

01 인성면접

02 경험면접

03 상황면접

04 직무면접

05 PT면접 및 토론면접

01 인성면접

- 본인의 평소 별명이 무엇인가?
- 본인의 성격의 장·단점은?
- 타인의 성격을 보고 부러워한 적이 있다면, 왜 그런 생각을 하였는가?
- 주변에 사람들로부터 어떤 성격이라고 불리는가?
- 직업을 선택하는 데 가장 중요한 가치와 본인의 장점을 1분 동안 말해보라.
- 자신의 장점은 무엇인가?
- 본인의 단점은 무엇인가?
- 본인의 단점을 무엇이며, 단점을 고치기 위해 어떤 노력을 하고 있는가?
- 자신이 중요하게 여기는 가치관을 회사 경영에 어떻게 접목시킬 것인가?
- 자신이 생각하는 자신의 키워드 2가지를 말해보라.
- (꼬리질문) 왜 그렇게 생각하는가?
- 지인들이 부르는 별명이 있는가?
- 본인을 색으로 표현하면 무슨 색 같은가?
- 인생의 롤 모델이 누구인가?
- 타임머신을 타고 가고 싶은 시대나 만나고 싶은 사람이 있다면 말해보라.
- 존경하는 인물이 누구이며, 그 이유를 함께 말해보라.
- 지원자의 직업관은 어떤지 말해보라.
- 인간관계가 좁고 깊은 편인지, 넓고 얕은 편인지 말해보라.
- 어떻게 사람을 사귀는지 말해보라.
- 새로운 사람과 친해지는 노하우가 있다면?
- 대인관계에서 마찰이 있을 때 어떤 식으로 해결하는가?
- 인간관계에서 제일 중요한 게 무엇인지 말해보라.
- 내가 다른 사람보다 잘 하는 것이 무엇이라고 생각하는가?
- 남들과 차별화되는 본인만의 공부 방법에 대해 말해달라.
- 취미가 무엇인가?
- 어떨 때 스트레스를 받고, 어떻게 스트레스를 해소하는지 말해보라.
- 술을 사준다면 얼마나 마실 것인가?

- 본인을 형용사로 표현해 보라.
- 본인은 리더 역할을 선호하나 서포터 역할을 선호하나?
- 조직에서 어떤 역할을 주로 하였는가?

02 경험면접

- 인생에서 가장 힘들었던 경험은 무엇인가?
- 인생에서 포기했던 순간, 가장 후회하는 순간이 있다면?
- 어려운 일이 닥쳤을 때 어떻게 극복했는가?
- 본인이 주도적으로 힘든 일을 극복한 경험이 있는지 말해보라.
- 학업 제외하고 힘들었던 일을 말해보라.
- (꼬리질문) 그것을 통해서 느낀 점이 무엇인가?
- 가장 최근에 실패한 경험과 어떻게 극복하였는지 말해보라.
- 봉사활동을 한 경험이 있는가?
- 인생에서 가장 치열하게 살았던 경험에 대해 말해보라.
- 소통을 통해 갈등을 해결해 본 경험은 무엇인가?
- 집단 내 갈등을 해결한 경험이 있는가?
- 본인이 학교생활이나 사회생활을 하면서 이해관계가 충돌했을 때 중재해 본 경험이 있는가?
- (꼬리질문) 그로 인해 결과가 어떻게 달라졌는가?
- 한정된 자원으로 문제를 해결해 본 적이 있는가?
- 창의적인 아이디어로 갈등을 유연하게 해결한 경험이 있는가?
- 창의력 발휘한 경험이 있는가?
- 일을 하면서 남들이 생각하지 않는 방식으로 문제를 해결하였던 경험이 있는가?
- 팀 내에서 아이디어를 내서 개선했던 경험을 말해보라.
- 배웠던 이론이 실제 현장이나 회사에서 잘 활용되었던 경험이 있는가?
- 봉사활동 경험을 말해보라.
- 가장 크게 이뤘다고 생각하는 성공 사례를 말해보라.
- 살아오면서 가장 잘한 일이라 생각하는 경험과 이유를 말해보라.
- 윗사람들과 일했던 경험이 있는가?
- 고객 응대를 해 본 경험이 있는가?
- 새로운 것을 도전한 사례를 말해보라.
- 도전적으로 무언가를 했던 경험이 있는가?

03 상황면접

- 상사가 개인적 심부름을 시키면 어떻게 할 것인가?
- 상사가 생각하는 업무 방향과 자신의 생각이 다르다면 어떻게 할 것인가?
- 지원자의 업무수행 방식이나 규정이 선배와 다르다면 어떻게 대처할 것인가?
- 상사의 부당한 지시에 어떻게 대응할 것인가?
- 상사가 자꾸 심부름을 시킨다면 어떻게 할 것인지 말해보라.
- 퇴근했는데 회사에서 급한 일로 연락이 오면 어떻게 할 것인지 말해보라.
- 유선으로 민원인이 진상을 부릴 때 어떻게 대처할 것인가?
- 지원한 지역이 아닌 다른 지역으로 발령받는다면 어떻게 할 것인가?
- 하고 싶지 않은 업무를 맡는다면 어떻게 할 것인지 말해보라.
- 하고 싶은 업무를 못 하게 된다면 어떻게 할 것인지 말해보라.
- 창구에 고객이 와서 난동을 부린다면 어떻게 대처할 것인지 말해보라.
- 협력업체 사장에게 100만 원을 받았다면 어떻게 할 것인지 말해보라.
- 입사 후 일이 생각했던 것과 전혀 다르다면 어떻게 할 것인지 말해보라.
- 회사에서 내 주장이 받아들여지지 않는다면 어떻게 할 것인지 말해보라.
- 팀 동료와의 관계 악화 또는 불화로 인해 업무 처리에 지장이 있다면 어떻게 할 것인지 말해보라.
- 내가 생각하는 방향이 목표에 부합하는데 조원들이 따라주지 않았을 때 어떻게 설득할 것인지 말해보라.
- 업무와 지인 간에 충돌이 발생한다면 어느 것이 우선일지 말해보라.
- 원하는 직무의 부서를 배치받지 못한다면 어떻게 할 것인지 말해보라.
- 지원한 직무가 아닌 다른 직무에서 일하라고 하면 어떻게 할 것인지 말해보라.
- 입사하면 오지로 발령 날 수도 있는데 어떻게 생각하는가?
- 약속이 있는 상황에서 갑작스러운 야근 업무가 생겼다면 무엇을 선택할 것인지 말해보라.
- 고객이 화를 내면 어떻게 대처할 것인지 말해보라.
- 비리를 발견한다면 어떻게 조치할 것인지 말해보라.
- 시골 지역으로 발령 나면 어떻게 할 것인지 말해보라.
- 오지근무 가능한가?
- 지방근무에 대해서 어떻게 생각하는가?

- 20~25년 뒤에 어떠한 리더가 되어있을 것 같은가?
- 친한 동료의 아이가 너무 아픈데 원칙을 조금만 바꾸면 살릴 수 있을 때 어떻게 할 것인가?
- 민원인이 억지를 부린다면 어떻게 대처할 것인가?
- 상사 또는 팀원과 마찰이 있다면 어떻게 대처하겠는가?
- 경계를 조정해 면적의 증감이 있는 경우 어떻게 할 것인지 말해보라.
- 지원자는 6개월 된 신입사원인데, 김 대리가 업무를 규정에 맞지 않게 처리하고 있다. 지침에 맞게 처리할 경우 기한을 넘겨 처리하게 된다면 어떻게 할 것인지 말해보라.
- 경쟁 입찰이 회사의 규정임에도 수의계약을 추진하는 부장에 관해 지원자는 어떻게 대응하겠는지 말해보라.
- 공사 사규에는 겸직이 불가능한데 집안 사정이 너무 어려워 어쩔 수 없이 겸직을 하고 있는 동료를 보면 어떻게 할 것인가?

04 직무면접

- 지원 동기와 하고 싶은 업무는 무엇인가?
- 본인이 맡고 싶은 직무는 무엇이며, 혹시 다른 직무를 배정받아도 일을 잘 할 수 있나?
- 합격하면 근무하고 싶은 부서가 있는가?
- 업무를 하게 되면 가장 먼저 해야 할 일이 무엇이라 생각하나?
- 직무 관련된 경험이 있는가? 그 경험을 회사에서 어떻게 활용할 것인가?
- 본인이 지원한 직무를 관련된 키워드로 답변해 보라.
- 직장인에게 중요한 자질은 무엇이며, 그와 관련된 경험이 있는가?
- 서류 경쟁률이 10:1인데, 본인이 뽑힌 이유는 무엇이라 생각하는가?
- 옆에 있는 다른 지원자들보다 자신이 어떤 부분에서 우수한지, 사례와 함께 말해보라.
- 직무에 대해 꼭 가져야 할 자세는 무엇인가? 그렇게 생각하게 된 이유는 무엇인가?
- 이 직무가 본인의 어떤 면이랑 잘 맞는지 혹은 직무를 한다면 무엇을 강점으로 할 건가?
- 업무를 수행할 때 직원들과의 관계에서 가장 중요하게 생각하는 점은?
- 본인만의 시간 관리 비법이 있는가?
- 막내로서 사랑받는 법이 무엇이라고 생각하는가?
- 입사한다면 어떤 마음으로 일할 것인가?
- 응축기의 원리를 말해보라.
- 원자력의 장점을 말해보라.
- 열역학 0~3 법칙을 말해보라.
- 원자력과 화력의 차이점을 말해보라.
- 자신의 전공과 원자력의 공통점을 말해보라.
- MCNP/GEANT4의 장·단점을 비교하여 짧게 말해보라.
- 자연유량에 관해 말해보라.
- 발전기기의 종류에 관해 말해보라.
- 대체 수자원 활용 방안을 말해보라.
- 유속공식에는 어떤 것이 있는지 말해보라.
- 수변전설비가 무엇인지 아는 대로 말해보라.
- AR(Augmented Reality, 증강현실)에 관해 말해보라.

- IOT(Internet of Things, 사물인터넷)에 관해 말해보라.
- PLC(Power Line Communication, 전력선 통신)에 관해 말해보라.
- ICT를 활용한 수돗물 신뢰도 제고 방안에는 어떠한 것이 있을지 말해보라.
- 안전과 관련한 검사를 진행할 때 가장 마지막에 해야 하는 검사가 무엇인지 말해보라.
- 기업 재무분석에 관해 말해보라.
- 어느 분야에서 일해보고 싶은지 말해보라.
- 어플을 만들어본 경험이 있는지 말해보라.
- ESS 말고 다른 대안은 무엇인지 말해보라.
- 전산 업무 말고 잘하는 것이 있는지 말해보라.
- 내부망 보안사고의 근본적인 원인은 무엇인지 말해보라.
- 부채비율에 관해 말해보라.
- 체리피커에 관해 말해보라.
- 신용카드와 체크카드의 차이점을 말해보라.
- 달러 환율의 적정선은 어느 정도라고 생각하는지 말해보라.
- 일반측량과 지적측량의 차이점을 말해보라.
- 지적불부합지가 나오는 이유와 해결 방안을 말해보라.
- 지적재조사가 무엇인지와 지적재조사 혁신 방안을 말해보라.
- 임야 필지 하나와 일반 토지 하나를 합병하고 싶은데 합병 과정이 어떻게 될지 말해보라.

05 PT면접 및 토론면접

(1) 한국토지주택공사

- 최근 크고 작은 싱크홀 발생이 증가하면서 국민들이 불안해하고 있다. 전체 싱크홀의 80% 이상이 서울에서 발생하는 등 도심지에서 싱크홀 발생 문제가 대두되고 있다. 이러한 싱크홀 예방 대책에 대해 발표하시오.
- LH에서 일하게 되면 토목, 도시계획, 건축 등 다양한 분야와 다양한 부서 사람들과 만나게 되고, 다른 시공사 사람들과도 만나게 될 텐데 그때 어떤 방법으로 빠르고 정확하게 소통할 것인지 본인의 사례 중심으로 효율적인 소통 방법을 구상해 보시오.
- 평당 800만 원의 분양가를 가지고 있는 500세대 아파트 단지가 계획 중에 있다. 단지 바로 옆에 간선도로가 지나고 있어 입주 예정자들의 소음 민원이 예상된다. 방음벽 설치를 계획하고자 했으나 시공사는 수익성이 나지 않아 LH에 방음벽 설치를 요구하고 있다. 소음을 최소화 하기 위한 아파트 배치 방안 및 소음민원 해결 방안에 대해 발표해 보시오.
- A사는 최근 트렌드를 반영한 주택공급 방안을 모색 중에 최근 '1인 가구 증가'라는 시장 트렌드를 반영하기로 했다. 1인 가구 증가는 간편하게 조리할 수 있는 간편 가정식뿐만 아니라 2장 식빵, 1조각 생선 등 소포장 판매상품 및 혼자 식사할 수 있는 1인 식당 증가와 같은 유통, 식품 업계에 반영되고 있다. 뿐만 아니라 1인 가구 및 인테리어 등 다양한 업계에서 반영되고 있는 추세이다. 주택 공급에 있어서도 아파트, 다세대 주책 등 다인 가구를 위한 주택 공급에서 1인 가구를 위한 주택 공급으로 변화할 것으로 보인다. 이러한 현 상황을 반영하여 1인 가구를 위한 주택 공급 방안을 수립하시오.
- 토지주택공사의 입장에서 CSR을 수행하려면 어떠한 방안이 좋을지 발표하시오.
- 세대 간 갈등 해결을 위한 프로그램을 기획하여 발표하시오.
- 세대 간 갈등 해소를 위한 회사 차원의 개선 방안을 토론하시오.
- 최근 대두되는 도시환경문제, 신도시 계획 시, 어떻게 해결할 것인가 토론하시오.

(2) 한국수력원자력

- SNS 규제에 관해 어떻게 생각하는지 토론해 보세요.
- 한국수력원자력의 사회적 책임 강화 방안을 토론해 보세요.
- 사용한 핵연료의 안전하고 체계적인 수송 방안에 관해 토론해 보세요.
- 프랑스의 원전의존도 축소정책에 관해 어떻게 생각하는지 토론해 보세요.
- 입·출력 카드 오류 원인과 신뢰도를 향상할 수 있는 방안을 토론해 보세요.
- 국내 기업이 시급하게 해결해야 할 문제점을 정하고, 해결 방안을 토론해 보세요.
- 후쿠시마 원전사고 후 우리나라 원전 안전대책에 관해 어떻게 생각하는지 토론해 보세요.
- 한국수력원자력이 비리를 없애기 위해 부품을 공급받는 방식을 변화시키려고 할 때, SCM을 어떻게 바꿔야 하는지 토론해 보세요.
- 피부약의 처방을 전문의에게만 맡길 것인지, 일반의약품으로 판매할 수 있도록 할 것인지 방안을 선택하고, 선택한 사항에 따라 광고 방안을 토론해 보세요.

(3) 한국수자원공사

- 생태관광 및 친환경적 댐체 조성 방안을 PT해 보세요.
- 물문화관에서 고객이 다쳤을 때의 배상책임을 법률적으로 PT해 보세요.
- 5G 기술을 어떻게 활용하여 한국수자원공사에 접목할 수 있을지에 관해 PT해 보세요.
- 댐 건설 부지를 위한 토지 구매를 할 때, 기한이 다 되어도 불법 점거하고 있는 주민에게 어떻게 대응할 것인지에 관해 PT해 보세요.
- 디지털 워터플랫폼 활성화 방안에 대해 발표하시오.
- 홍수 등 수자원 재난 상황 대비 방안에 대해 발표하시오.

(4) 한국가스공사

- 수격현상에 관해 PT해 보세요.
- LNG의 차별화 방안을 PT해 보세요.
- 한국가스공사의 안전 관리 방안을 PT해 보세요.
- CSTR 반응기와 활용 공정에 관해 PT해 보세요.
- 줄-톰슨 효과와 실생활 예에 관해 PT해 보세요.
- 중질유의 점도를 낮추는 공법에 관해 PT해 보세요.
- 공급관리자 교육 참여율을 높이는 방법을 PT해 보세요.
- 석탄화력발전, 원자력, LNG 발전 원리의 차이점과 에너지 효율을 비교한 내용을 PT해 보세요.
- 현재 국내 환경 문제 중 가장 큰 관심사인 미세먼지 문제를 해결하기 위해 당사가 나아가야 할 방향과 그에 관한 지원자의 역할을 PT해 보세요.

(5) 한국농어촌공사

- 4차 산업을 전공으로 도입할 방법을 PT해 보세요.
- 가뭄 발생 지역에 대한 용수 대책을 PT해 보세요.
- 기계직이라는 직렬에 맞게 4차 산업혁명과 관련한 농어촌의 활성화 방안을 PT해 보세요.
- 한국농어촌공사의 가치와 농촌의 가치를 함께 도모할 수 있는 캠페인을 구상하여 PT해 보세요.
- 농업 용수로에 야생동물이 빠져 폐사하는 일이 잦아 환경단체가 반발하고 악취로 인한 민원이 많이 일어나는 지역에서 한국농어촌공사 직원으로서의 해결 방안을 PT해 보세요.
- 도농 교류 활성화 방안을 토론해 보세요.
- TTP(환태평양경제동반자협정)로 예상되는 농촌의 문제점과 대응 방안을 토론해 보세요.
- 지방 근무로 인한 사원들의 불만 해결 방안을 토론해 보세요.
- 회사 내 부처 이기주의 심화 현상의 해결 방안을 토론해 보세요.
- 한국농어촌공사라는 이름에 맞는 고령화 사회에서의 필요 기술은 무엇인지 토론해 보세요.
- 자신이 신입사원 퇴사율이 높은 중견기업의 인사 관계자라고 생각하고 회사의 조기 퇴사 문제에 관한 해결 방안을 토론해 보세요.

(6) 국민연금공단

- 국민연금공단의 사회공헌활동에 관해 토론하고 PT해 보세요.
- 국민연금 가입자를 늘리기 위한 방안을 토론하고 PT해 보세요.
- 직장인들의 노후 자금 부족 이유와 해결 방안에 관해 토론해 보세요.
- 기금운용 5원칙 중 제일 중요한 원칙과 그 이유를 토론하고 PT해 보세요.
- 국민연금이 시행한 서비스 중 가장 인상 깊은 서비스와 앞으로 시행할 서비스를 토론하고 PT해 보세요.
- 노후 준비 서비스, 장애인 서비스, 경제적 취약계층 지원 서비스 등 국민이 체감할 수 있는 복지 서비스 향상을 위해 국민연금공단이 제공해야 할 서비스를 토론하고 PT해 보세요.
- 국민연금공단이 현재 하는 연금 캠페인 중 와 닿는 것과 나에게 주는 의미, 새롭게 해볼 만한 사회적 문제해결 캠페인을 토론하고 PT해 보세요.

(7) 한국도로공사

- 재난 시 도로 피해 최소화 방안을 발표하시오.
- 해저터널 건설사업의 전망과 미래에 대해 발표하시오.
- 유휴부지의 활용 방안을 PT해보세요.
- 공공성 강화와 사회적 가치 창출에 관해 PT해 보세요.
- 고속도로 터널 화재 예방과 재난 대처 방안을 PT해 보세요.
- 자율주행 자동차 시행의 문제점과 안정성 개선방안을 PT해 보세요.
- 4차 산업혁명 신기술을 활용한 도로 유지 보수 방법을 PT해 보세요.
- 휴게소 이용객들의 불만과 수요 감소에 따른 해결 방안을 PT해 보세요.
- 우리나라에 민자고속도로가 설치된 구간과 민자고속도로의 단점 개선 방안을 PT해 보세요.
- 지하고속도로 환경 개선 방안을 토론하세요.
- 일자리 창출 방안을 토론해 보세요.
- 고속도로에서 개선할 점을 토론해 보세요.
- 고속도로 이용률 증가 방안을 토론해 보세요.
- 비정규직의 정규직 전환 방안을 토론해 보세요.
- 제시된 기술의 장점과 향후 전망을 토론해 보세요.
- 휴게소 매출 증대와 고객 만족도 제고 방안을 토론해 보세요.
- 4차 산업혁명에 맞춘 도로 인프라 활용 방안과 그에 따른 일자리 창출 방안을 토론해 보세요.

(8) 한국공항공사

- 드론 활성화 방안을 PT해 보세요.
- 한국공항공사 홍보 방안을 PT해 보세요.
- 주차장 임대료 인상 방안을 PT해 보세요.
- 항행안전시설의 미래 방향을 PT해 보세요.
- 한국공항공사를 외국에 Selling할 방안을 PT해 보세요.
- 지방 공항 통폐합에 관해 토론해 보세요.
- KTX 노선 확장에 따른 대처 방법을 토론해 보세요.
- 흑산도에 공항 건설 시 어떤 공법을 쓸 것인지에 관해 토론해 보세요.
- 지속적인 국제유가 상승으로 인한 공항 임대료 인상에 관해 찬반 토론해 보세요.
- 공항에 무인 키오스크를 설치하는 게 좋은지, 직원을 더 고용하는 게 좋은지에 관해 토론해 보세요.

(9) 서울교통공사

- 지하철 안내판 개선 방안을 PT해 보세요.
- 지하철 공간의 활용 방안을 PT해 보세요.
- 직장 내 괴롭힘 개선 방안을 PT해 보세요.
- 노인 무임승차에 관한 해결 방안을 PT해 보세요.
- 외국인 고객들의 만족도 개선 방안을 PT해 보세요.
- 신호체계 혼재로 인한 안전사고 해결 방안을 PT해 보세요.
- 1회용 교통카드 회수율 자료를 참고하여 현재의 문제점과 해결 방안을 PT해 보세요.
- 빅데이터를 활용하여 출퇴근 시간에 지하철이 붐비는 현상을 개선할 방안을 PT해 보세요.
- 교통 시스템 혼선 개선이 필요하나 자금 때문에 힘든 상황에서 문제를 해결할 방법을 PT해 보세요.
- 무임승차와 부정승차를 해소할 수 있는 방안을 PT해 보세요.
- 지하철 일회용 교통카드 회수율 향상 방안을 PT해 보세요.
- 무임권 손실 보전 방안을 PT해 보세요.
- 임산부 배려석 개선 방안을 PT해 보세요.
- 에너지 이용 효율에 따른 서울교통공사 개선 방안을 PT해 보세요.
- 지하철 혼잡도에 따른 서비스 저하 해결 방안을 PT해 보세요.
- 지하철 화재 발생시 대처방안을 PT해 보세요.
- 지하철 운전 종사자의 인적 오류 개선 방안을 PT해 보세요.

(10) 인천교통공사

- 무임승차 개선 방안을 PT해 보세요.
- 고객만족도 향상 방안을 PT해 보세요.
- 지하철 지연 대응 방안을 PT해 보세요.
- 연장선 고객 활성화 방안을 PT해 보세요.
- 월미바다열차 활성화 방안을 PT해 보세요.
- 해외사업 성공을 위한 방안을 PT해 보세요.
- 4차 산업혁명과 승무 업무 접목 방안을 PT해 보세요.
- 승무 분야의 절대 안전 확립을 위한 방안을 PT해 보세요.
- 교통약자의 지하철 이용에 관한 불편함 해소 방안을 PT해 보세요.
- 4차 산업혁명과 승무 업무 접목 방안을 PT해 보세요.
- 승무 분야 절대 안전 확립을 위한 방안을 PT해 보세요.
- 외부 고객만족도 향상 방안을 PT해 보세요.
- 해외사업 성공을 위한 방안을 PT해 보세요.
- 코로나19 대응 방안을 PT해 보세요.
- 연장선 고객 활성화 방안을 PT해 보세요.

취업강의 1위, 해커스잡
ejob.Hackers.com

취업강의 1위, 해커스잡
ejob.Hackers.com

특별부록

- AI 면접 합격 가이드
- 모의 면접 평가표

AI 면접 합격 가이드를 통해 최근 늘어나고 있는 추세인 AI 면접의 개념과 특징을 확인하고, 합격 전략 point를 파악하여 AI 면접을 정복해보세요. 또한, 공공기관 면접 유형별 모의 면접 평가표를 통해 스터디 원과 서로의 모의 면접 결과를 평가하면서 부족한 부분을 보완하여 더욱 체계적인 면접 준비를 해보세요.

AI 면접 합격 가이드

AI 면접의 형식

AI 면접 시스템 - 인에어, 뷰인터

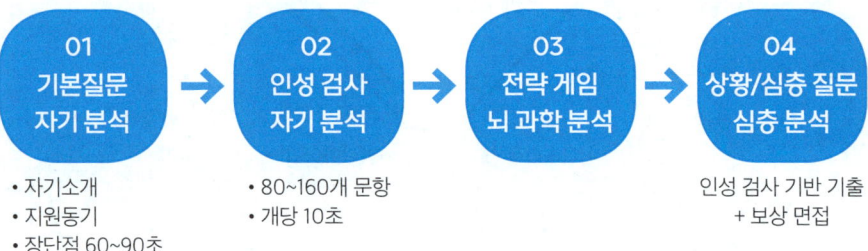

최근 현대그룹, 신세계, 롯데, CJ를 비롯한 거의 모든 금융권 기업들은 채용 전형 중 AI 역량평가를 활용하고 있으며, 공기업 역시 마찬가지이다. IBK기업은행의 경우 인턴 채용 시 아예 면접 전형을 생략하는 대신 AI 면접 전형을 최종평가 전형으로 대체했으며, 국민건강보험공단 등 여타의 공공기관들도 AI 면접 평가 시스템을 도입할 예정이라고 밝혔다.

AI 역량평가는 크게 인에어와 뷰인터 두 가지 회사의 프로그램으로 채택되어 대다수의 기업에서는 다음과 같은 순서로 진행되고 있다. 자기소개, 지원동기, 장단점과 같은 기본 질문들을 시작으로 개인의 성향을 파악할 수 있는 자기보고식 인성 검사, 적성 검사와 흡사한 역량분석 게임, 곤란한 상황을 제시하는 상황 면접 및 인성 검사를 기반으로 출제되는 보상심리, 심층 면접으로 이루어진다. 인성 검사에 해당하는 자기보고식 성향 검사에서는 성격 유형과 선호도를 분석하며 도출된 성격 유형을 바탕으로 질문이 달라지기도 하고 이를 오프라인 면접에서 질문할 내용을 추출하는 데 활용하기도 한다. 그뿐만 아니라 일반 채용 프로세스의 적성 검사와 유사한 역량분석 게임은 뇌 기능이나 행동 패턴, 의사결정 등을 평가하며 직무에 필요한 능력을 발휘하는 뇌 영역이 얼마나 활성화되었는지를 판단한다.

AI 역량평가를 진행하는 데 소요되는 시간은 1시간 남짓이다. 이 중 대부분의 시간은 인성 검사와 적성 검사(게임)로 이루어지며, 도출된 성격 유형이나 선호도를 바탕으로 기본질문이나 상황 질문, 심층 질문에 대한 답을 하는 순간 지원자의 표정 이미지, 목소리 이미지, 키워드는 기업에서 추구하는 인재상 및 직무 역량과 부합하는지를 기준으로 점수화된다. 따라서 AI 면접에 임하는 지원자들이 가장 주목해야 할 2가지는 표정 이미지와 목소리 이미지, 즉 이미지를 연출하는 법과 언어, 키워드의 일관성이다.

AI 역량평가 대비 이미지 연출법

V4	내용
Visual(표정분석기술)	감정 표현, 안구 움직임, 얼굴 움직임
Voice(음성분석기술)	음색, 음높이, 크기 변화, 속도, 발음
Verbal(언어분석기술)	STT 기술에 의한 단어 의미, 어휘 사용량 파악
Vital(안면분석기술)	안면 근육, 안구 움직임, 색상, 맥박과 혈류량 측정

먼저 AI 시스템에서는 지원자의 얼굴을 점으로 인식한다. 그리고 인간이 느끼는 6가지 감정들(분노, 두려움, 역겨움, 기쁨, 슬픔, 긴장)을 기준으로 감정 표현이나 안구 움직임, 얼굴 움직임을 분석하는 표정분석기술과 안면분석기술을 바탕으로 상황에 맞는 감정 표현을 하는지, 밝은 표정을 연출하는지를 평가한다. 특히 뷰인터에서는 '무표정'을 인식하는 만큼 기본질문이나 심층 질문에 무표정으로 답변을 하는 것에만 집중하는 지원자의 경우, 성향 면에서 부정적인 평가를 받을 위험이 있다. 따라서 당황스러운 질문이 주어지는 상황 면접의 경우에는 상황에 맞는 당황스럽거나 난감한 표정을 연출하는 것이 필요하며, 기본 답변을 비롯한 인성 검사 및 적성 검사와 같은 전형이 이루어지는 동안 가능하다면 밝은 표정을 연출하는 것이 좋다.

AI 면접 대비 캐릭터 만들기

얼마 전, 한 대학교에서 이틀간 온종일 원격으로 모의 면접을 진행한 적이 있다. 총 40여 명의 이공계열 학생들이었는데, "직무상 본인의 강점은 무엇인가요?"라는 질문에 90% 이상이 '꼼꼼함'이라고 답했다. 전공 관련 프로젝트 혹은 인턴 경험 당시 실수를 바로잡거나 문제를 해결할 수 있던 비결은 '꼼꼼함'이었다는 것이다. 거의 모든 지원자들에게서 꼼꼼함을 어필 받으니 면접 중반쯤에는 다른 질문에 대한 기대감이 없어졌다. 어차피 본인의 솔직한 이야기는 하지 않을 것이라는 확신 때문이었다. 그래서 꼼꼼함을 말하는 지원자들에게는 다음과 같은 공통적인 꼬리 질문을 던졌다. "꼼꼼함이 직무상 강점이라고 하셨는데, 그럼 업무를 처리하실 때 너무 꼼꼼한 나머지 진행하는 데 속도가 좀 더디겠군요." 대부분의 지원자들은 밝은 표정으로 이 질문에 대한 답을 이어갔다. "네, 맞습니다. 신중하고 꼼꼼한 성격 때문에 한 가지 일을 처리할 때 시간이 걸리는 편이었습니다. 그러나 이를 개선하기 위해 저만의 우선순위로 체크리스트를 만들어서 진행한 결과 많이 개선되었습니다." 딱 예상했던 답변이었다. 이들에게 마지막으로 공통 꼬리 질문을 하나 더 던졌다. "그럼 본인의 단점은 무엇인가요?" 지원자들의 얼굴은 사뭇 어두워졌다. 단점으로 준비해 둔 '너무 꼼꼼해서 업무를 처리할 때 신속함이 떨어진다는 점'은 이미 개선이 되었다고 말해버려 더는 할 말이 없었기 때문이다. 닳고 닳은 면접관들과 인공지능 앞에 더 이상 안전하면서도 그럴듯한 답변은 없다.

AI 면접에서는 인간의 언어기능을 모방한 STT(Speech to Text) 기술을 활용해 지원자의 답변을 문자로 전환해주며, 단어의 의미와 어휘 사용량을 파악한다. 자기소개를 비롯한 성격의 장단점, 지원동기에 들어가는 키워드를 받아 적고, 인성 검사와 적성 검사를 바탕으로 파악한 성격 유형을 토대로 해당 내용을 분석해 지원자의 성향과 직무 적합성을 파악하는 것이다. 결국 주어진 질문 하나당 90초, 총 기본질문 3개면 270초 만으로도 나에 대해 나보다도 더 명확하게 분석한 자료를 갖추게 된다는 것이다. 특히 본인의 성향을 구두로 답변하는 '장단점' 파트의 경우, 완벽한 답을 해야겠다는 압박감에 꾸며진, 거짓 단점을 말했다가는 면접 전형으로 갈 수도 없는 상황이 되는 것이다. 만약 운 좋게 AI 면접 관문을 넘는다고 하더라도 AI 역량평가를 통해 도출된 질문을 던지는 면접관 앞에서는 일관성 없는 사람이 탈락 대상 1순위가 될 것이다. "그렇다고 정말 단점을 말할 수는 없잖아요."라고 의문을 제기한다면, 사실 맞다. 해당 기업이나 직무와 적합하지 않은 사람이라는 것을 굳이 드러낼 필요는 없다.

따라서 AI 면접 전 먼저 장단점을 적절하게 활용한 '복합적 캐릭터'를 만드는 것이 필수적이다. 그렇다면 어떤 단점이 안전할까? 결국 강점과 약점은 연장선에 있다. 친화력이 좋아 누군가에게 먼저 다가가는 적극적인 관계를 지향하는 사람은 사교성이나 소통능력은 좋지만 신중함이나 세심함이 떨어질 수 있다. 마찬가지로 행동력과 실행력이 좋아서 신속하게 업무를 처리할 수 있는 열정을 가진 사람은 자연스럽게 꼼꼼함이나 세심함이 떨어질 수 있다. 혹은 규정이나 매뉴얼을 중요시하는 사람들은 융통성이 부족할 수 있으며, 반대로 효율을 중시하는 사람은 매뉴얼에 약할 수 있다. 장점이라는 성향과 자연스럽게 연결되는 단점은 AI 면접에서도 일관성에 좋은 점수를 얻어 유리할 수 있다. 그럼에도 불구하고 굳이 부정적인 내용을 오픈하는 것 같아 마음에 걸린다면 구체화를 활용해보자. 만약 정말 꼼꼼해서 신속성이 떨어지는 것이 단점인 지원자라면 구체적으로 어떤 부분에서, 어떤 업무 영역에서 신속성이 떨어지는지, 그리고 그 점이 왜 단점이라고 생각하는지, 또 이러한 단점을 극복하기 위해 어떤 노력을 했는지 시나리오를 만들어 보자.

아마 신중하고 꼼꼼한 성격의 당신은 유독 함께 작업하는 팀 단위의 업무에서 속도가 늦어졌을 것이다. 분명 협업을 하면서 개인 업무와 달리 단체 업무에는 어느 정도 다른 사람의 속도와 맞출 필요가 있을 것이라고 느꼈을 것이다(혹은 피드백을 들었을 수도 있다). 결국 이 부분이 조직에 소속되어 기한이 분명한 대부분의 직무를 수행할 때 치명적인 단점이 될 수 있다는 것을 인지해야 한다. 따라서 '협업할 시에는 무조건 커뮤니케이션에 집중했다. 진행되는 업무로드와 상황을 계속해서 인지하고 있어야 미리 알고 다른 사람들에 맞출 수 있기 때문이다.'라고 만들어볼 수 있다.

AI 면접 후기

서류 제출 이후

자기소개서를 열심히 쓴 만큼 자꾸만 미련이 남아서, 제출한 뒤에도 하루에 두세 번씩 읽고 또 읽었어요. 솔직히 스스로도 공부하기 싫어서 괜히 쓸데없는 짓 한다고 생각했는데, 생각보다 많은 도움이 됐어요. 자기소개서를 반복적으로 읽은 만큼 자기 자신의 캐릭터를 충분히 인지하고 있기 때문에, 면접에서도 일관성이 생기거든요. 특히 AI 면접은 일관성 있게 답변하는 것이 중요하다고 하니, 제출하시고 나서 심심할 때마다 읽어보시면 좋을 것 같아요. 제출~서류 합격 발표까지 텀이 너무 길고, 실기시험 준비 기간이 4~5일밖에 없기 때문에 추천하는 방법입니다! 또한 자기소개서를 읽어보실 때, '나'를 설명할 수 있는 키워드가 뭐가 있는지, 내 가치관은 무엇인지 계속 고민하고 반복해서 생각해보세요! 가치관 정하기는 면접에서 정말 정말 중요하다고 생각합니다.

AI 면접의 키워드는 사전에 분석된 자기소개서의 키워드와 일치하는 것이 좋다. 따라서 AI 면접에 임하기 전, (특히 자기보고식 성향 검사, 인성 검사 전형) 가장 중요한 작업은 자기소개서 및 직무기술서를 꼼꼼히 읽어보고 성향 키워드를 파악하는 것이다. 가능하다면 미리 잡 포털이나 여러 사이트에서 인성 검사를 튜토리얼 모드로라도 경험해보며 도출되는 캐릭터를 파악하는 것도 좋다. 알고 임하는 것과 모르고 그저 부딪치는 것은 다른 결과를 초래하기 때문이다.

기본질문(자기소개/지원동기/장단점)

IBK기업은행 AI 면접에서는 자기소개(90초), 지원동기(60초), 장단점(60초) 3가지 기본질문이 나와요. 시간이 부족하기도 했고, 이미 자기소개서에 다 언급된 내용이기 때문에 저는 자소서 내용 그대로 갔어요. 대신 구어체로 자연스럽게 바꾸어서 스크립트를 만들었습니다. 외워서 말하는 걸 정말 싫어하고 못 하는 편인데, 이 3가지 질문은 거의 완벽하게 외워서 답변했어요. 기본질문은 AI 면접의 제일 첫 번째 순서이기 때문에, 여기서 말리면 면접 내내 멘붕이 올 거로 생각했거든요. 어색해도 카메라 보면서 당당하고 자연스럽게 웃는 연습을 하고, 동생 앞에서도 해보고, 녹화해서도 봤습니다.

AI 면접 시 기본질문의 경우, 미리 숙지해서 답을 하는 것은 사실 인공지능 시스템 평가에 대비해, 완벽한 시선이나 표정 연출에 있어서는 좋은 방법이다. 그러나 일반 면접은 사람을 상대로 하는 대면 평가인 만큼 완벽하게 숙지하는 것이 좋은 방법은 아니다. 어차피 면접 답변은 AI 면접이나 대면 면접 모두 동일하게 활용하는 만큼, 달달 외우기보다는 키워드를 기반으로 숙지하여 자연스럽게 말하는 연습을 하는 것이 좋다. 그리고 간혹 AI 면접이나 비대면 면접 시 화면이나 다른 스크린을 보며 면접 답변을 그대로 읽는 경우가 있는데, AI 시스템에서는 안구 인식이 함께 이루어지기 때문에 감점 요소로 작용할 확률이 굉장히 높다. 또한 비대면 화상 면접 시에도 딱딱하고 어색한 태도로 보이는 만큼 가능하면 읽지 말고 숙지해서 답하기를 바란다.

성향 파악(약 160개 문항)

여기서는 일관성이 중요해요. 앞에서 물어본 내용을 뒤에서 살짝 바꿔서 다시 물어보기 때문에, 솔직하게 답하지 않으면 신뢰도에서 낮은 점수를 받을 것 같아요. 저는 '~한 콘셉트로 답해야지!'라고 생각은 했는데, 결국 있는 그대로 답하게 되더라고요. 특히 중간에 "OO이 주장한 OO이론에 대해 알고 있는가?" 같은 질문이 나오는데, 그게 사실 존재하지 않는 이론이래요. 확실히 모르는 내용이라면 당당하게 '전혀 모른다'에 체크하세요!

인성 검사의 경우, 23가지 유형의 캐릭터를 미리 설정한 후 활용한다면 일관성 있으면서도 신뢰할 수 있는 성향으로 평가될 수 있을 것이다. 또한 성향에 대한 질문이 아니라, 위의 후기처럼 이론이나 시사에 관한 부분의 경우 모른다고 해서 감점되는 요소가 아니니, 솔직하게 임하는 것이 최선이다.

AI 면접 게임

게임에 대해서 걱정을 많이 하시고, 저도 걱정을 많이 했지만 정말 점수는 중요하지 않은 것 같아요. 다만 어떤 게임이 나오는지, 게임 방법이 어떤지 정도는 알아야 한다고 봐요. 전 성격상 어려운 게임은 몇 번 연습도 해봤어요! 게임이 생각보다 어렵고 길고 지루해요. 사전 환경 체크 때 미리 해볼 수 있는데, 실전 난도가 훨씬 높고 게임 시간도 길어서 하다 보면 표정 관리가 잘 안 돼요. 그래도 계속 웃으시고, 문제가 잘 풀리지 않더라도 짜증 내거나 자포자기하시면 안 됩니다. "이번 판은 망했지만, 다음번엔 잘할 거야. 난 포기하지 않는 사람이야." 마인드로 하시면 문제없을 거예요.

실제로 뇌 과학, 전두엽 기능을 평가하는 만큼 이 부분은 '잘'하는 것보다 '집중'하여 임하는 것이 중요하다. 타고난 뇌 기능을 판단하는 만큼 전부 좋은 성적을 거둬야 하는 것이 아니기 때문이다. 다만, 미리 게임 진행 룰이나 평가 기준을 파악하면 부담이 덜해지니 AI 역량평가 튜토리얼 모드나 체험 모드를 경험해보는 것을 추천한다.

AI 면접 게임과 관련된 내용

(1) AI 면접 게임에서 파악하고자 하는 성향
- 합리적 가치 판단
- 사회적 가치 판단
- 동물적 가치 판단
- 의도 파악, 추론
- 전략적 기획
- 전략적 실행

(2) AI 면접 게임의 종류

성실성(가치)	가치평가, 메타 인지 - 색 단어 일치 판단하기
적극성(열정)	사회적 가치 기반 의사 설정 - 공 탑 쌓기
긍정성(신뢰)	과거 경험 가치 기반 행동 - 무게 비교하기
동기력(관계)	사회 인식, 상대 의도 추론 - 감정 맞추기
전략력(성과)	전략적 체계, 작업 기억, 집중 - 도형 위치 기억
실행력(지속)	자기조절, 통제, 객관화 - 방향 바꾸기

모의 면접 평가표

인성 면접·상황 면접·경험 면접 평가표[1]

인성 면접이나 상황 면접, 경험 면접과 관련된 면접 평가표는 2가지 정도가 있다. 하나는 구체적인 평가 기준이 제시된 경우이다. 크게는 업무수행능력과 사회 조직화, 윤리 의식과 자세의 항목을 가지고 있는데 이는 NCS가 도입되기 전부터 계속 사용해왔던 것으로 아직 쓰고 있는 몇몇 공공기관들이 있다. 이러한 면접 평가를 하는 경우, 대체로 열린 질문보다는 닫힌 질문이 많으며, 태도를 중요시하는 경향이 있다.

하지만 NCS가 도입되면서 열린 질문, 즉 면접자의 더 많은 정보를 얻기 위하여 하는 질문이 많아졌고, 여기에는 꼬리 질문이 붙는다. 그리고 반드시 관찰기록과 총평을 적게 하여 면접관이 점수를 주는 구체적인 이유를 묻는 것이 NCS 면접 평가표의 중요한 포인트가 되겠다. 또한 가장 많이 보는 것은 의사소통능력과 직업윤리, 대인관계능력, 자기개발능력, 조직이해능력이다. 세부적인 내용을 살펴보면 알겠지만 대부분 우리가 다루었던 질문 내에서 이야기하고 있으므로 세부 내용을 확인해보고 자신이 부족한 답변이 무엇이 있는지 체크해 보는 것도 좋을 것이다.

---

[1] 이는 실제 사용하고 있는 평가표를 그대로 실을 수 없어서 편집하여 올린 것이다.

면접 평가표 1

평가 요소	항목	평가 기준
업무수행 능력	업무 이해도	직무에 대하여 정확하게 이해를 하며, 회사에 대한 이해도가 높은가?
	업무와 관련된 지식 및 창의력	직무에 관련된 전문지식을 가지고 있으며 응용력을 가지고 있는가?
	업무 숙련도와 기술능력	업무 처리의 속도가 빠르며, 처리 과정 중 공동체 의식을 가지고 있는가?
사회 조직화	협동심 및 대인관계	평소 원만한 인간관계를 맺고 있으며, 갈등을 해소하는 능력을 갖추고 있는가?
	공동체 생활과 책임감	공동체에 대한 의식을 가지고 있으며 일을 끝까지 하는 책임 의식을 가지고 있는가?
	적극성과 조직성	항상 어떤 일이든 흥미를 느끼고 있으며, 조직에 대한 이해를 정확하게 하고 있는가?
윤리 의식	규율준수 및 자율성	평소 규정을 잘 지키고 있으며, 자신이 세운 원칙을 가지고 있는가?
	도덕성	평소 도덕적인 생각을 하고 있는가?
자세	용모와 복장	회사의 이미지를 실추시키지 않을 용모와 복장을 갖추고 있는가?
	태도	면접에 적극적인 자세를 보이며 임하고 있는가?
	발표력	안정감이 있고, 신뢰를 받을 수 있을 만한 발표 자세를 가지고 있는가?
	단정성	단정하며 고객에게 신뢰받을 수 있는 목소리와 표정을 가지고 있는가?
면접관 평가		면접관으로서 채용을 해야 하는 이유에 대해 적으시오.

평가 등급(해당하는 곳에 √체크)				
최우수	우수	보통	다소 부족	부족
점수				

면접 평가표 2 - NCS 면접 평가표

(1) 평가 기준

역량	질문(열린 질문)	평가
의사소통능력	공동체에 적응을 잘할 수 있으며, 자신의 이야기를 정확하게 전달하고 있는가?	① ② ③ ④ ⑤
직업윤리	공동체 의식과 희생정신을 잘 갖추고 있으며, 공공성에 대한 지식과 윤리 의식을 갖추고 있는가?	① ② ③ ④ ⑤
대인관계능력 (공동체 의식)	공동체에서 적응을 잘할 수 있는 태도를 갖추고 있으며, 사람들과 잘 어울리고 민원 업무 처리를 잘할 수 있는가?	① ② ③ ④ ⑤
자기개발능력	본인의 장단점에 대해 정확하게 알고 있으며, 부족한 점을 채우기 위해 노력하고 있는가?	① ② ③ ④ ⑤
조직이해능력	회사에 대해 이해하고 있으며, 회사의 사업과 자신의 역량을 연결할 수 있는가? 또한, 사업의 방향성에 대해 알고 있는가?	① ② ③ ④ ⑤

※ 척도: ① 매우 미흡, ② 미흡한 수준, ③ 보통 수준, ④ 우수한 수준, ⑤ 매우 우수

(2) 관찰기록

(3) 총평

토론면접·PT면접 평가표

토론면접의 평가표는 완전히 열려있다고 볼 수 있다. 평가의 기준이나 척도는 발표능력, 경청능력, 질문에 대한 이해도와 참여도밖에 없다. 결국 토론면접에서는 면접관이 많은 관여를 하지 않고 관찰자로서의 역할을 철저히 하고 있다는 것을 알 수 있다. 그렇기 때문에 면접관은 토론면접을 통해 면접자의 많은 면을 파악할 수 있는 것이다.

PT면접은 토론면접보다 기준이 명확하다. 크게 기획력과 조직이해 및 전문성, 그리고 태도를 보는데 발표의 구성력과 회사에 대한 내용 및 시사적인 질문에 대한 정확한 답변을 요구하는 것을 확인할 수 있다.

토론면접 평가표

구분	이름	평가항목	평가소견	평가점수
개인 (면접자) 평가		• 발표능력 • 경청능력 • 질문 이해도 • 참여도		
종합 평가				
주의 사항	평가점수는 각 10점 만점으로 한다.			

PT면접 평가표

(1) 질문 내용(주제)과 총점

질문 내용(주제)	총점

(2) 평가 기준

역량	평가지표	평가
기획력	• 발표에 대한 구성을 평가	① ② ③ ④ ⑤
조직이해 및 전문성	• 질문을 정확하게 이해 • 조직에 대한 비전과 기업 분석을 정확하게 이해 • 자신의 전공에 대한 내용을 정확하게 이해하고 전달	① ② ③ ④ ⑤
태도	• 발표 태도와 자세에 대한 평가	① ② ③ ④ ⑤

※ 척도: ① 매우 미흡, ② 미흡한 수준, ③ 보통 수준, ④ 우수한 수준, ⑤ 매우 우수

(3) 관찰기록

(4) 총평

이상 공공기관에서 사용되는 모의 면접 평가표를 통해 면접 평가의 기준에 대해 살펴보았다. 공공기관의 면접을 한마디로 이야기하면 '공동체에서 공익을 위해 자신의 역량을 펼칠 수 있는가'에 대한 평가라고 할 수 있다. 그러므로 책의 처음부터 끝까지를 모두 숙지하고 스스로 직접 실천해본 뒤 반드시 자신만의 답변을 준비할 수 있도록 하자.

해커스
따라하면 합격하는
공기업
면접 전략

개정 2판 1쇄 발행 2024년 9월 30일

지은이	윤종혁, 조은희, 김태형 공저
펴낸곳	㈜챔프스터디
펴낸이	챔프스터디 출판팀
주소	서울특별시 서초구 강남대로61길 23 ㈜챔프스터디
고객센터	02-537-5000
교재 관련 문의	publishing@hackers.com
	해커스잡 사이트(ejob.Hackers.com) 교재 Q&A 게시판
학원 강의 및 동영상강의	ejob.Hackers.com
ISBN	978-89-6965-505-9 (13320)
Serial Number	02-01-01

저작권자 ⓒ 2024, 윤종혁, 조은희, 김태형

이 책의 모든 내용, 이미지, 디자인, 편집 형태는 저작권법에 의해 보호받고 있습니다.
서면에 의한 저자와 출판사의 허락 없이 내용의 일부 혹은 전부를 인용, 발췌하거나 복제, 배포할 수 없습니다.

취업강의 1위,
해커스잡 ejob.Hackers.com

해커스잡

- 공기업 면접 전문가의 **본 교재 인강**(교재 내 할인쿠폰 수록)
- 합격을 위해 반드시 알아야 할 **PT/토론 면접 대비 최신 시사 이슈 15**(PDF)
- 해커스잡 스타강사의 **무료 전형별·영역별 취업 강의**

헤럴드 선정 2018 대학생 선호 브랜드 대상 '취업강의' 부문 1위

19년 연속 베스트셀러 1위*
대한민국 영어강자 해커스!

"1분 레벨테스트"로
바로 확인하는 내 토익 레벨! ▶

토익 교재 시리즈

유형+문제

~450점 왕기초	450~550점 입문	550~650점 기본	650~750점 중급	750~900점 이상 정규

현재 점수에 맞는 교재를 선택하세요! ⟷ : 교재별 학습 가능 점수대

- 해커스 토익 왕기초 리딩 / 해커스 토익 왕기초 리스닝
- 해커스 첫토익 LC+RC+VOCA
- 해커스 토익 스타트 리딩 / 해커스 토익 스타트 리스닝
- 해커스 토익 700+ [LC+RC+VOCA]
- 해커스 토익 750+ RC / 해커스 토익 750+ LC
- 해커스 토익 리딩 / 해커스 토익 리스닝
- 해커스 토익 Part 7 집중공략 777

실전모의고사

- 해커스 토익 실전 LC+RC 1
- 해커스 토익 실전 LC+RC 2
- 해커스 토익 실전 1200제 리딩
- 해커스 토익 실전 1200제 리스닝
- 해커스 토익 실전 1000제 1 리딩/리스닝 (문제집 + 해설집)
- 해커스 토익 실전 1000제 2 리딩/리스닝 (문제집 + 해설집)
- 해커스 토익 실전 1000제 3 리딩/리스닝 (문제집 + 해설집)

보카

해커스 토익 기출 보카

문법·독해

- 그래머 게이트웨이 베이직
- 그래머 게이트웨이 베이직 Light Version
- 그래머 게이트웨이 인터미디엇
- 해커스 그래머 스타트
- 해커스 구문독해 100

토익스피킹 교재 시리즈

- 해커스 토익스피킹 스타트
- 만능 템플릿과 위기탈출 표현으로 해커스 토익스피킹 5일 완성
- 해커스 토익 스피킹
- 해커스 토익스피킹 실전모의고사 15회

오픽 교재 시리즈

- 해커스 오픽 스타트 [Intermediate 공략]
- 서베이부터 실전까지 해커스 오픽 매뉴얼
- 해커스 오픽 [Advanced 공략]

* [해커스 어학연구소] 교보문고 종합 베스트셀러 토익/토플 분야 1위
(2005~2023 연간 베스트셀러 기준, 해커스 토익 보카 11회/해커스 토익 리딩 8회)